LOCUS

LOCUS

LOCUS

LOCUS

Smile, please

Smlie 206

萎靡解答之書

卡在不上不下心理狀態的你，必須知道的六個解方

作　　者／蘇益賢、唐京睦
責任編輯／陳秀娟
封面插畫／鼻妹
封面設計／許慈力
內頁排版／新鑫電腦排版工作室
企劃協力／黃蓉
印務統籌／大製造股份有限公司

出 版 者／大塊文化出版股份有限公司
105022 台北市松山區南京東路四段 25 號 11 樓
www.locuspublishing.com
locus@locuspublishing.com
讀者服務專線：0800-006-689
電話：02-87123898
傳真：02-87123897
郵政劃撥帳號：18955675
戶　　名／大塊文化出版股份有限公司
法律顧問／董安丹律師、顧慕堯律師

總 經 銷／大和書報圖書股份有限公司
地　　址／新北市新莊區五工五路 2 號
電　　話／ 02-8990-2588　　傳　　真／ 02-2290-1658
初版一刷：2024 年 06 月
定價：420 元
ISBN：978-626-7388-89-1

卡在不上不下心理狀態的你，必須知道的六個解方

萎靡
解答之書

Flourishing Again

Six Everyday Holistic Practices to
Balance a Languishing Mind

蘇益賢 × 唐京睦 著

目錄

2 無感到有感——敢有感覺

3 無我到有我——敢做自己

6 無夢到有夢——敢作夢

前言

心理萎靡是種怎樣的感受？

無力、沒有能量、恐懼主宰的日子、無話可說、不夠好、害怕自己不夠好……這些心理狀態雖然不至於嚴重到構成心理疾病，卻也顯著地影響著許多人的生活。如果你也對這些詞彙有共鳴，覺得自己處在一個「不上不下」的尷尬位置，那這本書就是為你而準備的。

在健康與生病的中間，存在著一段模糊地帶，稱之為「亞健康」（subhealth）狀態。這是一種雖然沒有生病，但也稱不上完全健康的模糊狀態。當人們處於亞健康狀態時，身體上或許沒有明確因為疾病造成的疼痛感，健康檢查可能也找不到什麼異狀，但卻時不時會感覺自己無精打采、也沒辦法發揮身體的最佳效能。

一開始，亞健康主要對應的是人們的身體狀態（body）。不過，後來我們慢慢發現，除了身體可能處在亞健康狀態之外，其實人們的「心理」（mind）狀態也可能處在亞健康的位置。

二十世紀初，任教於喬治亞州埃默里大學的心理學家科瑞・凱斯（Corey Keye）提出了 languishing 這個概念。[1]這個可初步翻譯為「萎靡、心衰」的詞彙，恰好精確地描繪出人們的心理層面處於亞健康狀態時，會有的模樣。

心理萎靡，你有共鳴嗎？

凱斯發現，沒有罹患心理疾病，未必表示一個人的心理就是完全健康的。他將人類的心理健康狀態區分為幾個連續性的類別。兩個端點位置代表的是已經不健康的狀態，即是嚴重、已經罹患疾病的「憂鬱」；另一個端點是非常健康、積極的心理狀態，稱為 flourishing（繁花盛開般的，可譯為心盛）。而在憂鬱和心盛這兩個端點之間，夾著「中等

1 Keyes C. L. (2002). The mental health continuum: from languishing to flourishing in life. *Journal of health and social behavior*, *43*(2), 207–222.

心理健康」與「心理萎靡」這兩種心理狀態。（見左方表格）

心盛	高度心理健康
中等心理健康	亞健康
心理萎靡	亞健康
憂鬱	心理生病狀態

根據美國調查，在二十五到七十四歲三千零三十二位受試者中，高度心理健康的心盛者約佔17.2%、處於憂鬱的生病狀態者約佔14.1%；而處於亞健康的人高達68.7%，亞健康之中，中等心理健康者佔56.6%，心理萎靡者佔12.1%。而取樣自全台一千九百一十一位民眾的台灣調查數據[2]，則呈現出另一種輪廓：處於高度心理健康的心盛者約佔43.7%，而處

於憂鬱或其他潛伏心理疾病狀態者約佔11.3%。位居亞健康心理狀態者，則約有22.8%。

在過去這幾年，較明顯的憂鬱、焦慮狀態已經開始被許多人所關注，這部分的進展對民眾的心理健康來說是非常好的消息。不過，這本書想要更進一步地去探討「心理萎靡」，這個可能因為尚未嚴重到生病，因而更容易被忽視的心理狀態。

那麼，心理萎靡是一種怎樣的狀態？

凱斯本人給出的定義是：「**萎靡是一種停滯、空虛、因為無所事事感到的倦怠感。**」再說得更直白一點，**心理萎靡是一種感覺與快樂、樂趣脫節，人生缺乏目標感的狀態**。乍看之下，當事人會發現自己時常抱怨人生真無聊，儘管不一定會像典型憂鬱症那樣時常感到絕望，但確實會對生活中的可能性、積極正向的那一面不再懷抱期待，也難以找到所謂事情背後的意義、或者人生的意義。

處於心理萎靡的狀態中，你覺得自己被困住了、生活像泥巴一樣黏膩而停滯，時常有

2 https://ericdata.com/tw/detail.aspx?no=403643

空虛、沒有動力的感覺。另一位心理學家亞當・格蘭特博士（Adam Grant）則將這種狀態形容為：**「感覺就像你在混日子，透過霧濛濛的擋風玻璃審視自己的生活。」**[3]

目前在亞洲地區，專門探討心理萎靡現象的書並不常見，但在我們（兩位作者）生活的時空背景、工作時與個案們的互動，乃至回大學教書與學生接觸的過程中，卻不斷發現這種心理萎靡的狀態，其實比我們想像中還要常見。但很多人可能只是把這種狀態視為一種青春期轉大人、剛步入社會之時那種「青黃不接」的自然狀態，反正時間過了就會沒事，不用特別處理。

凱斯提出的**心理萎靡雖然不是一種「疾病」**，不過，我們的觀察卻也發現，**心理萎靡確實可能會明顯影響處在這種心理狀態下的人們，不管你是學生、是上班族、還是已經在職場上工作多年的主管，是單身者、為人父母，還是退休人士，都可能有機會處在這種心理萎靡的狀態之中**。

當萎靡感來襲，我們可能沒有力氣照顧好自己，更遑論能發揮自己的最佳表現。凱斯指出，**長期處在心理萎靡狀態是有風險的：處於心理萎靡狀態者，未來罹患憂鬱症的風險是中度心理健康者的兩倍，更是心盛者的六倍**。因此探討這個現象，或許仍是重要的。

在一堂課中，我們一起找解方

二〇二三年春天，我們一起在母校政治大學開了一堂課，叫做「跨界實驗室」。在政治大學一直都有以創造力、人文哲思等基底來設計的課程與學程。跨界實驗室是當時創意學程、人文創意學程等學程的核心課程之一。每年都會邀請不同背景的老師設計，讓修課學生有機會「跨」出自己熟悉的領域，練習和其他不同領域的人物或知識碰撞。

當時，我們把各自的專長帶到這堂課上，想要透過一學期的時間，讓學生有機會從自我覺察、心理學、芳香療法、脈輪、筋膜等，看似很不同、卻有某某些基底十分相通的領域中，帶回一些對自己有幫助的工具，練習把自己未來的日子照顧得更好一點。

在課前，我們聊了一下各自在工作與實務觀察中看到的民眾輪廓，試著整理出一些個案們、聽眾們，乃至於修課學生們普遍有感，卻又難以回答的議題，好比說：

3 https://www.nytimes.com/2021/04/19/well/mind/covid-mental-health-languishing.html

為什麼我時常感到「無力」？我該如何重新找回力氣？

為什麼長大之後，我們「不再願意相信過去的某些相信」？

很多人都在鼓勵我們要「做自己」，但我真的可以嗎？還有，什麼叫做「做自己」？

為什麼長大之後，我愈來愈覺得自己變成一個「沒有感覺的大人」？

接觸過愈來愈多人之後，我愈來愈「覺得自己不夠好」，我該怎麼辦？

為什麼年紀愈大，我愈「害怕讓別人進入我的人生」？

我時常處在「無話可說」的狀態，可是，這世界卻總是鼓勵那些樂於發言的人……

有一天我突然發現，我開始嘲笑那些還在說著「有夢最美」的人，並對他們感到不屑……

這些現象拼湊出來之後，我們好像把比較抽象的「萎靡感」變得更有畫面了。我們約好這學期，就把這些議題放在各自心上，在每一堂課中，試著帶入一些概念、工具或方法，試著去回應這些問題。

於是，我們一人負責奇數堂課、一人負責偶數堂課，帶著同一群學生，用我們各自擅長的工具，從理性、感性到靈性，從體驗、表達到創造，把課堂當作互相看見、互相理解、互相認識，以及互相幫忙的自我實驗基地。

本來很擔心這種大量自我探索、人我互動的課程，會讓修課學生壓力太大而消化不良。不過，這樣的擔心看來是多餘的。學期過後，學生在匿名的教學意見調查告訴我們：「上過這門課的人有福了！」、「這是一堂翹掉會後悔死的課！每一堂課都是一場自我覺察、自我認識的三小時工作坊，超值！」、「這是大學上過最棒的課（完全不是客套話）」、「所有emo的、想認真了解自己的政大學生都該來修這堂課。」

有位同學說：「精彩！Marvelous！雖然很多同學都會說，這是一門可以讓自己放鬆下來的課程，但自己知道這個課程涉及的範疇以及知識水很深，脈輪、心理諮商、藝術、神經科學、哲學……雖然老師沒有明說，但如果仔細探究自己在享受的過程，會發現背後充斥著很多理論，並不單單只是一門能夠讓自己放鬆的課，很大程度上也能夠協助大家幫助別人放鬆下來。」

在那堂課結束後，我們偶爾還是會聊著上面那些大哉問，並在各自領域繼續試著找到更多的工具與答案。因緣際會下，大塊文化邀約出版的一封信，讓我們再次相聚，這一回，我們要來將當時與學生們分享過的各種工具、體驗與練習，試著轉化為文字，讓這些方法有機會可以走入更多讀者的生命，陪伴大家正視與轉變心理萎靡的狀態。

在本書中，我們將抽象的心理萎靡概念，試著拆解成六大主題，用以呼應我們在實務工作中的一些觀察，如下頁表格。

心理萎靡的展現	心理健康的展現
如何從無力，讓自己慢慢有力氣？	成為一個敢於相信的人
如何從無感，讓自己再次有感？	成為一個敢於感覺的人
如何從無我，慢慢找到真正的自己？	成為一個敢做自己的人
如何從無心無意，慢慢願意有意為之？	成為一個敢於脆弱的人
如何從無言，到慢慢勇於發聲？	成為一個敢說敢聽的人
如何從空泛無夢，重新找回做夢與實踐的勇氣？	成為一個敢於作夢的人

讀者手上的這本書，就是我們再次激盪與對話的成果。不管你是否認為自己此刻處於心理萎靡的狀態，只要你覺得自己還沒發揮「完全、百分之百的」自己，相信書裡介紹的各種工具或觀念，都有機會陪伴你慢慢的找到力氣。

你是哪一種萎靡？萎靡自我檢視

在讀者繼續往下閱讀前，不妨先透過以下的「萎靡自我檢視」，初步檢視出構成你的萎靡，是哪一種。

我們將萎靡，再細分成六個無：無力、無感、無我、無意、無言與無夢。透過「萎靡自我檢視」可測量出，哪一種「無」與你現在的狀態比較呼應。

以下現象是許多現代人在生活中此刻或過往曾經感受到的，請根據最近這一個月你自己的狀況，挑選一個數字，用來呈現你對這個選項的自我觀察：

0：我完全沒有這樣的感受
1：我鮮少有過這樣的感受
2：我偶爾會有這種感受

3：我滿常會有這種感受

4：我時常處在這種狀態中

□ 1．滿滿的無力感與自我懷疑

□ 2．因為「有感覺」很麻煩，所以試著不再有感覺

□ 3．原地踏步、停滯感

□ 4．常常覺得自己不夠好

□ 5．（因為無感）所以常覺得自己無話可說、沒什麼好說的

□ 6．嘲笑那些還在說著「有夢最美」的人，對此感到不屑

□ 7．時常提不起勁、懶散、沒力氣

□ 8．因為「在意」很累，所以試著不去在意

□ 9．因為原地踏步而焦慮，但又不敢踏出下一步

□ 10．害怕受傷，所以不再試著與他人建立連結

□ 11．覺得自己的論點或想法乏善可陳

□ 12．厭世、憤世嫉俗的感受（對世界、對社會有各種情緒，卻苦無出口）
□ 13．心中常出現「算了吧」的念頭
□ 14．對自己的「無感」慢慢無感
□ 15．漫無目的、缺乏目標、不知道自己要的是什麼
□ 16．只要事情會讓自己看起來很脆弱、很傻，寧可不去做
□ 17．在發言前，常擔心我說了會不會被＿＿＿＿＿＿＿＿（被罵、被討厭、被認為很怪……等社群壓力）
□ 18．覺得世上沒有「真實」存在
□ 19．情緒悶悶的，卻又不至於嚴重到憂鬱的程度
□ 20．和各種感覺（不管是好的、壞的）失聯
□ 21．覺得自己的人生都活在別人口中，「你應該」怎樣的情境裡
□ 22．非常害怕「被拒絕」
□ 23．覺得自己的聲音不會被在意
□ 24．有精神上的潔癖

依據下述公式，計算出自己在這六個無的狀態。總分愈高，表示這一個「無」愈能夠呈現出你最近的狀態，後續閱讀時，可多留意關於這個「無」的章節。也因為這些無之間是有些關連的，所以有些「無」的分數會很接近，這也是常見的。

無力分數＝第1、7、13、19題分數的總和，我的分數是：＿＿＿＿

無感分數＝第2、8、14、20題分數的總和，我的分數是：＿＿＿＿

無我分數＝第3、9、15、21題分數的總和，我的分數是：＿＿＿＿

無意分數＝第4、10、16、22題分數的總和，我的分數是：＿＿＿＿

無言分數＝第5、11、17、23題分數的總和，我的分數是：＿＿＿＿

無夢分數＝第6、12、18、24題分數的總和，我的分數是：＿＿＿＿

如果你在這六個「無」的分數都偏高，後續在閱讀時，可以先從自己比較有共鳴的「無」開始閱讀與練習。根據我們的經驗，心理狀態常常有「牽一髮而動全身」的關聯性，當其中一個「無」開始鬆動時，很多「無」也可能會在不知不覺中開始轉變。

關於本書的左腦解方 vs. 右腦解方

我們先來說明一下後續章節的架構。每一章的開頭，我們會先簡單定義一下各個「無」的初步概念，我們會討論一些與這些「無」呼應的現象，試著分析這些「無」的成因，再進入到對應的「解方」部分。

在書寫解方時，因為兩位作者各自不同的背景與專長，我們在對應這些「無」的切入角度也很不同。但整合在一起，卻變成了一套更完整的參考指南。

益賢本身是心理學背景出身的心理師，熟悉心理諮商、許多心理學的理論，在這本書中，將負責這些比較分析、拆解、重構、排序、邏輯、原因的部分。京睦是在芳香療法領域中工作許久的芳療師，對於感官知覺、情緒感受、身體覺察，以及身心相連的整體性（holistic）療癒等概念更為熟稔。我們將帶著各自擅長的視角，一起在解方篇共同切入這六個「無」，期盼透過這種更完整的討論，可以帶給不同需求的讀者更豐富的思考與練習方向。

所以在解方部分，讀者會先看到的是益賢負責的「左腦解方」；接著是由京睦負責的「右腦解方」。這個左、右腦的比喻，主要是參考自腦科學中關於「腦側化」的研究，也就是讀者可能曾聽過，有人說左腦與語言、邏輯更有關係，而右腦則與情緒、空間、整體性更有關。雖然在科學上來說，這種二分法並不那麼精準，但確實很適合借用來當作分類解方的架構，於是我們在這邊就先參考這樣的比喻來當作後續標題了。接下來，有些讀者要先知道的事項，攸關安全的提點一一列出，整理如下。

關於右腦解方的安全提醒

在這趟面對、理解萎靡的旅程中，精油、呼吸，與身體練習會是非常重要的工具。而在拿起工具來實際使用之前，有幾個常見問答與操作準則要提醒正在讀這本書的你。

為什麼是芳香療法？

我們的鼻腔內的嗅神經，在接收到嗅覺訊號後，會非常快速地把訊息傳遞給大腦的邊緣系統，讓大腦迅速分辨身處的環境。而邊緣系統當中，包含：海馬迴、杏仁核、扣帶迴等結構，主要掌管著「情緒與記憶」的提取與儲存。因此，我們會在聞到玫瑰花的氣味時，感覺本來陰沉的情緒瞬間亮起來，眉宇間的陰霾也一掃而空。又或者是在森林遊樂區嗅聞到檜木的氣味時，一秒夢回鄉下三合院老家中、家傳的那座木製老衣櫃。這種由嗅覺引發的情緒與記憶，有個專有名詞叫做「普魯斯特效應」，便是來自於《追憶逝水年華》中一塊讓主角想起過往回憶的瑪德蓮蛋糕的香氣。

而從植物當中萃取出來的精油香氣，便是平衡情緒與記憶的好幫手。畢竟人類在一萬年前，都還是在大自然中和各種植物打滾共存，植物香氣帶來的心靈撫慰、甚至是生理效益，皆是已經生活在都市叢林的現代人依舊無法忘懷的。因此，使用著精油的芳香（Aroma）帶來療癒（therapy）的過程，便是所謂的芳香療法（Aromatherapy）。

在瑞士、德國、法國，以及世界上許多不同國家，精油不只是用來增加生活情趣的

「香氛」，更是能夠在藥房與診所中購買，並搭配主流醫學診斷或自然療法觀點，進而放鬆身心與開啟身心自癒力的輔助工具。而本書選擇使用芳香療法與按摩、伸展等其他療癒方法，目的就是想邀請讀者們一起在香氣的世界中愉快地關照自己，進而長出足夠的力氣，來參與、陪伴自己從萎靡到心盛的過程。

不是「芳香」就可以

然而，在剛開始使用芳香療法時，許多人可能會被市面上五花八門的產品選擇搞得眼花撩亂。尤其是市面上充斥著各種香水、香氛、擴香竹、香氣蠟燭，香氣組成一看都是玫瑰、茉莉、鈴蘭、麝香，難道這些氣味都有幫助嗎？

所謂的「芳香療法」，重點就是使用「天然萃取的產物」，而接下來在本書中提及的精油或植物油，就是指透過蒸餾或冷壓等不同萃取的方式，從植物中直接淬煉香氣，並且不添加其餘人工合成成分的產物。

畢竟使用精油的重點是「把自然邀請到都市生活中」。人類的嗅覺極為敏銳，對植物香氣「真品」及「贗品」的分辨力很強，所以某些人工合成的氣味縱然能夠在調香師的巧手下變得心曠神怡、甚至引人入勝，卻仍然沒辦法打開身體的自然療癒力。

因此，如果你在看了這本書之後，想要按照書中方法挑選精油來解開自己的萎靡，建議你可以尋找具有芳香療法專業，並且了解精油生產方式的商家來購買精油，避免選到摻假或完全由人工合成的香氣，導致香氣的療癒力大打折扣。

什麼是精油、植物油與純露？

在使用新的工具之前，我們也必須認識其安全性。在芳香療法的領域中，主要會使用到的三類產品就是：精油、植物油，以及純露。精油正如前文所述，是由植物萃取出來的純天然香氣，其中不溶於水的芳香分子就會形成精油。

而植物油則是從植物的種子或果實中榨取，主要成分為三酸甘油脂。其中更會以脂肪酸種類的不同，分為：單元不飽和脂肪酸（比如飽含Omega-9油酸的橄欖油）、多元不飽和脂肪酸（比如含有Omega-3次亞麻油酸的奇亞籽油）以及飽和脂肪酸。

日常生活中經常會使用到的植物油，包含：椰子油、橄欖油、芝麻油，以及台灣常見的苦茶油或保存期限較長的荷荷巴油。每一款植物油的脂肪酸種類比例都不一樣，加上其他的微量元素、維生素與礦物質的差異，就會很大程度地影響每一種植物油之間的質地與作用。

唯一需要注意的是，在選擇芳香療法中使用的植物油時，最重要的關鍵便是要選用冷壓初榨、且未經加工處理的油品，也要確認該油品沒有經過精煉與氫化（讓油品變穩定的工序，但會產生反式脂肪），才能保證上述的成分都可以被完整的保留下來。

植物油的功能，除了口服用來補充各種類型的脂肪酸之外，也經常和精油共同調和，作為按摩油的基底使用。特別是針對不同膚質挑選適合的油質使用，更能夠發揮植物油的滋養效果。

另外，在以蒸餾方法萃取植物香氣時，也有少量溶於水的香氣會進入到蒸餾水中，形成「純露」。純露的芳香分子濃度很低，可作為化妝水使用，若是能夠確保萃取質材的品質以及確認過程中皆純淨無添加，也可把純露加入日常飲用水或飲料中，增添風味的同時也帶來療癒。

如何安全地使用芳香療法？

一般來說，如果是將精油加入水氧機、擴香儀，以及精油燭台上使用，或者是單純嗅聞瓶口，都是沒有太多使用禁忌的。然而，若是要把精油塗抹在身上，大部分都得經過植物油稀釋成安全的濃度，才能夠無後顧之憂的享受精油的芬芳。

在本書中大部分的濃度建議，都是**調製為濃度百分之三～五的按摩油**。然而，如果你的皮膚較為敏感，或者是你過去對保養品或化妝品曾經出現過敏反應，建議你可以從更低的濃度開始嘗試，甚至是在塗抹時準備未添加精油的純植物油作為基底，當出現肌膚不適，可取適量的植物油加強塗抹，淡化精油的濃度。

另外，若是你正在懷孕、哺乳、服用慢性疾病藥物，或者罹患肝腎代謝機能疾病，在使用精油前請務必諮詢你的醫師與專業芳療師，才能夠確認你現在是否適合在生活中使用香氣喔！

最重要的是……

在這本書當中，我（京睦）會分享許多方法來幫助萎靡的心靈從「身體」找答案。因此，也要邀請讀者用開放且敏銳的心態來觀察自己的身體。只要你在使用精油、按摩，或者是進行伸展的時候感受到任何的不適，請立即停止，並諮詢醫師與專業芳療師。

此外，本書在介紹精油時，會一併附上這些精油可以在身心上面發揮的療癒作用。但如果你過去並沒有學習芳香療法的經驗，也建議你在面對症狀發生時，必須先諮詢醫師與專業芳療師的建議，避免自我診斷造成的恐慌，也能在正確的時機點來調理身心。

關於左腦解方的安全提醒

而針對後續的左腦解方，讀者將會有機會接觸到許多不同背景的心理學概念或理論。在理解，乃至於「應用」這些理論之前，我想提醒大家的是：人是具有個別差異的。你可能會對某些概念特別有共鳴，有些理論則讓你覺得沒Fu。當你有這種感覺時，請提醒自己：**有這些感覺是完全沒問題的**。

使用起來有感覺的工具，就留起來，之後繼續用。那些暫時沒有Fu的工具，也不表示它沒有用，而可能就只是未必適合現在的你。你可以把它放著，也許在未來某一天再見到它時，又會有不同的感受也說不定。帶著這樣的開放性、實驗性來使用左腦解方，是在閱讀本書時重要的起步。

同時，本書左腦解方在書寫時，設計了許多互動環節，有些需要你停下來思考、寫點東西，如果你希望能發揮最大的效果，就真的要去實踐這些邀請，不要只是讀過而已。部分提問如果讓你的思考卡關、引發一些不舒服的情緒，也請你暫時先停下來，留一些時間，給自己消化這些情緒；待你準備好之後再繼續也沒關係。

倘若，在閱讀本書過程，讓你想到一些事情、帶出很多情緒，這些狀態讓你沒辦法用自己的方式去應對的話，找個機會和心理師討論，透過客觀陪伴，陪自己省一點力地去看看這些感受的故事，也是很好的作法。

好的，以上就是本書的行前通知。接著，就讓我們來看看第一個無，無力感。

CHAPTER

1

從無力到有力

敢 相 信

先從躺平到坐著，找到力氣的第一步

自我檢核：

- □滿滿的無力感與自我懷疑
- □時常提不起勁、懶散、沒力氣
- □心中常出現「算了吧」的念頭
- □情緒悶悶的，卻又不至於嚴重到憂鬱的程度

為無力找成因：無力感的心理學

一九六七年，哲學家菲利帕・福特（Philippa Foot）首次提出的「電車難題」，是我時常在課堂上引用的素材。電車難題大概是這樣的：

假設你目前正駕駛著一台電車，這台電車的剎車壞了，目前正朝前方高速行駛。在你的視線中，遠端的軌道上目前有五位工人正在修路，如果你沒有採取任何行動，電車勢必會把這五位工人撞死。

不過，你同時也在視野中看見一個軌道切換分支點，如果你選擇切換軌道往另一條路駛去，那條軌道上只有一位工人正在修路，這時犧牲的就變成他一位而已了。在你完全不認識這六個工人，不需要負法律責任、也沒有其他選擇的情況下，你會怎麼做決定？

在我唸完題目之後，有些聽眾或學生的眉頭開始皺起。有人問：「不能有其他創意的作法嗎？」我回：「題目規定沒有。」並且提醒，火車正在行駛中，只剩一點短暫的時間可以做決定了！而後，我便開放表決，看看大家想法。

這是電車難題的第一部分，緊接著，我會宣布第二部分的情境：

你正站在一座橋上，眼睜睜看著一台煞車失靈的電車快速往你這個方向前進。而你看到，在這條軌道後面一點的地方，正有五位修路工人正在工作。如果你無所作為，電車勢必會把這五位工人撞死。與此同時，你發現你旁邊站著一個體型較寬、體重較重的人，他和你一樣站在橋上。目前，他正專心地往橋下看。在此情況下，如果你願意，你可以輕輕一推就能把他推到橋下的軌道上。且已知他被撞死後的屍體，可以確實阻擋電車繼續前進，五位工人的性命也能保住，同時你不必負任何法律責任。在目前沒有其他選擇的情況下，你會怎麼做決定？

在我唸完第二道題目之後，更多聽眾的眉頭開始皺起。甚至許多人因為這樣的問題而開始有情緒，不管是質疑、不悅，甚至是有點憤怒。我一樣留了短暫的時間給大家思考，並且同樣讓聽眾們透過表決來分享各自的決定。在我的經驗中，與第一題相比，第二題中「願意」舉手的人明顯少了許多。

我們用這個故事作為開場，不是要與大家進一步討論電車難題背後的哲學或倫理學。而是想透過電車難題帶來的思考過程中，多數人都會感受到的經驗，來作為「無力感」的一種呈現。回想一下，在你必須做出抉擇的時候，在你被邀請表態的時候，面對這樣的情境，你內心是否曾有過一種「不想表態、不願表態、不敢表態、不知道該如何表態」的感覺；甚至，你可能對這種要求感到不開心、有情緒？這背後，都與我們此刻要討論的「無力感」有關。

兩邊一樣爛，別逼我表態

當我們發現自己處於某種兩難（甚至三難、四難……）的狀態下，不管是哪個選項都無法讓人感到滿意，但現實卻逼著你必須做出決定的時候。當我們對事情有所期待，希望事情發展能有所不同，但也明顯感受到，目前的現況其實沒有辦法因為「自身作為」而帶來直接的改變，某些壞事仍會發生、某些好事仍沒有機會發生的時候。

這種困在選項之間（甚至時常是「沒得選」）、相信自己無能為力、只能接受現況的狀態，即是「無力感」出現的常見情境。我們認為心理萎靡的其中關鍵之一，就是這種無力的感受。

放眼望去，我們的生活中確實充斥著許多讓人感到無力的狀況：不管是年輕人低薪買不起房、養不起小孩，只能在「養自己」和「成家立業」之間做選擇。又或者是，選舉給了人民選賢與能的自由和權利，但每到選舉之時，有多少選民困在兩邊一樣爛的困境裡。雖然一度想投廢票，但又擔心自己的不表態，會不會帶來更多的遺憾。

二〇〇〇年時，嘉義山區的一場午後大雨，導致八掌溪溪水暴漲。當時正在進行工程的四名工人來不及撤退，受困於八掌溪的河床中央。期間，民眾不斷撥打救援電話，等了將近三小時，卻仍無任何單位來救援。後來，這四名工人在現場民眾與媒體轉播的畫面中，當場被河水沖走而慘死。「929樂團」以此為背景，寫了一首歌〈下游的老人〉，當中的歌詞：「為什麼同樣的事情一再發生，都沒有改變？」或許是描述無力感時，很有力、也讓人頗有共鳴的吶喊。

分析下來，無力感具備幾種特質：

❶ 感知到許多事物、且意識到這些事物對我們來說有一定的重要性，或者會帶來一定的影響。
❷ 儘管如此，我們卻發現或「認知到」，這些事物並非我們所能控制或影響。
❸ 在這種情況下，我們覺得自己無能力為，也沒有被看見、尊重，或重視。
❹ 長久下來，我們開始自我懷疑、沒力氣、心想：「算了吧！」出現煩悶的無力感。

根據慈濟醫院針對護理同仁做的調查[1]，有五成的人在感到無力時，會出現憤怒與焦慮的情緒，三成會出現不安、兩成會感受到害怕的情緒。

1 https://nursing.tzuchi.com.tw/images/pdf/6-3/P22-31.pdf

當我們放棄面對、逃跑或抵抗

人類的大腦從漫長的演化路上，慢慢發展出幾種應對壓力的方法。

第一種是「戰鬥」（fight）。

我們勇敢面對威脅來源，直接去搏鬥、奮戰。在過程中，透過展示我們自身的力量，不管結果是嚇跑對方、戰勝對方，或是殘酷的了結了對方的生命，我們的性命才能夠成功的延續。同時，在此過程中，我們會慢慢相信這樣的一個內在信念：「原來在這種局面之下，我是有力量的、有控制權的。」

第二種面對壓力的方式是「逃跑」（flight）。

在意識到壓力或威脅已明顯超過自身能承受的範圍時，我們會快速地想辦法逃離這個情境，若能成功逃跑的話，我們的性命也可以被延續下來。儘管逃跑看似是個消極的策略，但卻是我們在當下評估之後，所能做出的最理智的決定。事實上，不管是直接面對威脅，還是選擇離開威脅，這些經驗都在暗示自己的是：在這樣的情境中，我並非「沒有任何事情可以做」、我是「有所選擇的」，而且我的選擇「能帶來真實的改變」。這種感覺稱為：「控制感」，是與無力感完全相反的狀態。

和前兩種反應很不一樣，**第三種面對壓力的反應，稱為「凍僵」（freeze）**。在凍僵反應下，生命體判斷自己已經無法透過戰鬥或逃跑來面對當下的情境。於是，身體選擇凍僵、暈厥在現場。這種狀態和此處想討論的無力感很像。你知道在現有狀況下，你真的沒有什麼可以做了，或者你「相信」做什麼都無濟於事了。所以，你躺平了。透過「無所作為」來作為最後保護自己的方式。

創傷相關的研究推論，在人類出現凍僵反應時，許多人會出現「解離」的狀態。解離是指，我們在記憶、自我意識等認知層面上的「崩解」。在面對巨大壓力或創傷時刻，大腦為了保護你，將「身體」和「心靈」之間的連線切斷了，為了避免你能感覺到巨大的痛苦，斷線很可能是一種保護自己生命的必要手段。

儘管，我們未必在生活中真的遭遇了類似天災、人禍、性侵等巨大的壓力或創傷事件，但一個個小壓力逐漸累積、長期發展下來，也可能讓我們發現戰鬥沒有用、逃跑也沒有用，因而慢慢選擇用凍僵、用躺平，來面對這些讓人感覺束手無策的狀況，而無力感便因此油然而生。

左腦解方

重新找到力量的練習：把控制感找回來

控制感（sense of control）是心理學研究許久的議題。它指的是，我們自覺自己的行動，能讓我們成功得到自己想要的，並避開我們不想要的結果。當我們自覺在目前局面下，自己無法做些什麼來獲得想要的結果、避開不利的結果，我們感受到那種失去控制、無能為力的感受，就是無力感。

有趣的是，在心理學文獻中，控制感的英文前面多半會加上「perceived」：意指「感知到的、覺察到的」。這個字給了我們一些思考的方向是：

❶ 有沒有可能在現有環境中，我們其實是可以有控制感、有力氣去改變什麼的，但我們可能並未「感知到」自己其實有這樣的力量。

❷ 有沒有可能即便在看似無法控制或改變的環境中，我們仍可「相信」自己有控制

感，進一步有智慧地運用這種控制感帶來的力量，繼續往下行動、嘗試與前進。

在心理諮商過程中，如果我們發現個案此刻正困在這種無力感的狀態下，有一種能快速幫助我們找回、意識到自己仍有控制感的方式，就是在當前所處的局面中：

❶ 轉變你關注的焦點。
❷ 將我們關注的焦點再縮小一點。

這邊試著以多數讀者都可能有過的經驗為例，關於地球暖化、溫室效應這個議題。相信在許多人成長過程中，都聽過這些概念。近年來極端氣候不斷出現，也讓許多民眾開始意識到這類議題的嚴重性。一直以來，我都覺得這個議題雖然重要，但也意識到自己很無力，好像沒辦法做些什麼來改變這個現況。畢竟，我又不是總統、不是環保局長、不是工廠老闆……

前一段期間，我在網路上看到了許多關於太陽能、太陽能板在使用上的爭議與好壞。原本對這類議題沒有特別了解的我，心想好像值得花一些時間去研究一下。不過，在仔細爬了一些文章之後，我心中反而變得更困惑了。支持或不支持的陣營，都有各自看似有理的觀點，也都能提出一些證據。在面對太陽能相關的議題、接觸到更多資訊之後，我反而變得更無力了。

同時我也發現，當我被卡住的時候，不管背後是因為困惑、不理解、無法選擇，我反而很容易就把這些我本來很關心的議題，直接拋在腦後不去管它了。原因正出自於我的無力，我並不知道自己該選擇什麼，我目前並不具備做出最好判斷所需要的知識。同時，我也意識到自己沒有那麼多時間和力氣可以去研究這些主題。

以這個例子來看，**當我們困在無力感的時候，別忘了第一步：轉變你關注的焦點**。在無力感出現之後我反而忘了，其實我還是有其他沒那麼無力的方向，可以用「屬於自己有力氣的方式」，來關注自己本來在意的議題——溫室效應。

當我將關注的焦點放錯地方、放得太大，就更容易意識到自己在面對這些議題時，目前確實沒有足夠的知識、資源、時間與力氣，能去回應這樣太大格局的議題，感到無力其實是無可厚非的。此刻我們真正該嘗試的，不是「不再去關注」這類大議題。而是將這類議題中，我現有狀態可以關注與付出心力的部分「聚焦」出來。

好比說，我應該多加關注的可以是自己日常生活中，如何節省不必要浪費的物資，從環保杯、自備吸管、自備環保袋這些小小的地方著手。我一樣是在透過「具體行動」展現我心中對這個議題的關注。與政策推動、法規修訂相比，這樣的行動或許影響力沒有很大，但卻是在我自己目前既有狀態中，真正能落實、真正能採取行動，也真正讓我覺察到自己是有力量的作法。

當我們將關注的層面拉得太大時，無力感就很容易出現。不管此刻在你的生命中，無力感出現在哪些地方。**當你有這種感受時，請試著微調一下「你關注的焦點」**，然後，**把聚光燈探照的「範圍縮小一點」。你會發現，當你找對適合自己現有狀態的聚焦之處時，你「確實」能做些什麼**——即便這樣的力量看似比較小，但請別忘記了，小小的力量，還是力量。

而透過具體行動、真的展現力量，看見你的行動真的帶來一點點微小改變的歷程，就是讓我們不再感到無力的關鍵。我們會因為這些微小的火光，繼續「相信」自己是有力量的，而更有機會讓這些小行動繼續下去。

留意自己非黑即白的思考習慣

在諮商過程中，我們常在許多個案身上看見他們有種「非黑即白」的思考習慣。好比說：這世界要不就是太棒了，要不就是糟透了。在這兩個極端之間，完全不存在所謂的「灰色地帶」。臨床觀察發現，非黑即白的思考習慣，也很容易讓人變得無力。

這些人可能會認為，既然這世界糟透了、既然溫室效應只靠我的力量完全無法減緩、既然……那我何必努力呢？在平常我們想事情的時候，如果出現了「既然」，你可以去觀察一下這些「既然」背後，是否存在著非黑即白的思考習慣。

當個案出現了非黑即白思考時，心理師有一個任務，就是讓個案意識到，**其實在黑與白之間，存在著一塊非常大的「灰色地帶」。而無數的「可能性」，其實正藏在這灰色地帶之間。改善自己無力感的關鍵，多半也藏在這裡。**（見下頁表格）

黑色	我一個人根本無法阻止溫室效應
灰色	1．雖然力量比較小，但我還是可以用我的方式，為「溫室效應」議題做出貢獻 2．當愈來愈多人都用他的方式做出貢獻時，累積的效應就會慢慢變得可觀
白色	我一個人就能阻止溫室效應

內控 vs. 外控

最後，再跟大家分享一個有機會鬆動無力的感的左腦解方，稱為：「內／外控信念」（locus of control）。**內外控信念，是用來描述「一個人對於事件的發展與結果，自己具有多大控制力」的信念。**

當一個人具有「內控」信念時，他「相信」自己的行動、選擇和努力，能夠直接影響事件的發展與結果。他「相信」自己對事件發展具有主動性和掌控權；控制權存在於自己之內，故稱為「內控」。反之，當一個人具有「外控」信念時，他會「覺得」運氣、命運等，不可控因素才是決定事情結果的關鍵，不相信自己可以影響事情發展與結果；控制權存在於自己之外，故稱為「外控」。

一個人偏向內控或外控，多半源自從小至長大的路上我們所經驗的一切。相關研究發現，內控信念會讓一個人的心理更健康、更願意主動面對壓力，也更願意勇敢嘗試，而這多半能讓好結果真的發生，讓一個人變得愈來愈內控。反之，外控信念者則時常與焦慮、憂鬱、無助感等情緒有關。當然，本章討論的無力感也很常出現在外控信念者身上。

值得一提的是，在討論人生不同領域時，同一個人的內外控程度也會不同。好比說，有人認為「課業表現」是可以透過自身努力而改變的（對課業抱持內控信念），而「自己的體能」則不行（對體能抱持外控信念）。

在面對那些讓自己感到無力的事件時，不妨自我觀察一下。通常，我們對這類事件往往抱持著外控信念，認為是「自己之外」的因素影響著這一切，「我是無能為力的」。而在前文邀請讀者練習的調整關注焦點、縮小關注焦點，藉此把注意力聚焦在自己可以確實展開行動的部分，即便只是小行動也好。這個練習，就是一種自我挑戰，去挑戰自己對某些事的「外控信念」是否為真。

在我們以為完全無法控制的大畫面中，找到幾個「小像素」，找到那些真的是我們可以影響、改變的部分。你會慢慢發現，直接對一件事情抱持外控信念（你有發現嗎？這也是一種非黑即白），並不足以精準地描繪眼前這個讓你非常無力的事情。

儘管許多資料指出，內控信念者往往是比較有行動力、心理健康、對自己有信心且負責的。不過，在臨床實務上，我們也不會希望把個案變成一個「百分之百的內控信念者」，並努力用這樣的方式改善自身的無力感（你有發現嗎？「百分之百的內控信念」，這也是一種非黑即白思考）。

從內外控到「雙控」，讓你更有彈性的思考方式

April、Dharani與Peters[2]三位學者透過問卷，調查了受試者在內／外控、幸福感受等變數之間的關係。此外，除了量化的數據之外，他們還邀請受試者針對自己平日生活中是內控還是外控的人，進行自我反思的質性書寫。

他們的研究結果發現，挑戰了之前學者認為「內控總是比較好」的認知。根據他們的研究結果，具有「平衡控制點」的人，也就是同時具備內控、外控的「雙控者」（bi-local locus of control），反而是幸福感最強烈的人。

兼具內控、外控信念，本身就會採取不那麼非黑即白的角度來看世界。他們知道有些事情是自己可以控制的；同時，他們也同樣清楚知道，確實有些事情不是自己能控制的。

2 April, K., Dharani, B., & Peters, K. (2012). Impact of Locus of Control Expectancy on Level of Well-Being. *Review Of European Studies, 4*(2), 124-135.

想像一下，在面對某些確實「非自己所能控制的大議題時」，極端的內控信念者會「相信」自己可以透過行動去撼動、去碰撞這些大議題。他們往往容易固著在這種不斷努力嘗試、硬碰硬的方法上。長久之後，議題可能沒有改變，還會讓自己更容易受傷。

因此，雖然內控是一種幫助我們找回「有力感」的工具，但我們也希望大家記得灰色地帶很重要。在灰色地帶之中，仍有些事情並非我們所能改變，也同時存在著我們可以改變的事物。重點是，你有沒有把內控放在對的那一部分。

成為灰色雙控者的練習

如果你想慢慢變成「站在灰色地帶的雙控者」，未來當你在面對那些讓你看似無能為力的現象中，請試著用以下五個引導問題，陪伴自己發展出更平衡、完整而有力氣的思考習慣。

❶ 把整個事件當中的關鍵議題、進展過程等，所涉及到的元素「進行拆解」。

❷ 針對這些攤開來的元素，以「自己能控制的程度」進行分類：

哪些元素是自己「完全無法控制」的？

哪些元素是自己「可以完全控制」的？

哪些元素有點模糊，介於兩者之間？

❸ 觀察一下，針對自己認為無法控制的元素，你是否對這些元素抱持外控信念？

事實上，讓自己「接受現況」，其實也是一種提升控制感的方法。所以，這一部分的「外控信念」並沒有問題，只是提醒著你，不再逼自己透過硬碰硬的方式，強烈地希望去碰撞這部分的現況。

❹觀察一下，針對自己可以控制的那些元素，你是否對這些元素抱持內控信念？或者，在事情發生之前，你可能沒有發現自己對這些元素其實是抱持著外控信念，因而讓自己在事情進展中，沒有機會發揮全力？

❺觀察一下，在哪些模糊、介於可控與不可控之間的元素中，能否找到這些元素裡頭「百分之一」可以控制的切入點？

請試著從這邊出發，找到改變的窗口。這就是先前提到的，調整你的聚光燈聚焦處，之後先從那小小的可控之處出發的具體實踐。

美國神學家尼布爾（Reinhold Niebuhr）曾寫過一篇禱文：「神啊，請賜我寧靜的心，去接受我無法改變的事；賜我勇氣，去改變我能改變的事；賜我智慧，以分辨兩者的不同。」

在雙控的思考脈絡下，我們在無法控制的元素中，透過接納找到寧靜；透過勇氣，去面對哪些我們可以改變的事。並且，帶著智慧去分辨、去知悉，事情多半不會非黑即白，只是需要我們將力氣放在我們真正可以改變的地方上。

接著，我們來看看無力感的右腦解方中，有哪些方法可以幫助我們變得有力、相信自己是有力的。

右腦解方

力量的來源：請別忘了你有身體

在前述找成因的段落中，外在的壓力看似是一種「心理活動」，但大多時候是由身體以不理性的方式，第一時間產生戰、逃，或者凍在原地的反應。相對的，如果身體長期處在疼痛、不適，或者慢性發炎時，也會導致情緒容易起伏不定，讓我們沒有辦法恢復到平靜的狀態。

舉一個比較生活感的例子。

大部分的時候我自認為是個情緒還算穩定的人，但只要遇到肚子餓、血糖低，就很容易因為雞毛蒜皮的小事不耐煩發飆，好幾次都在成為奧客的邊緣徘徊。我相信讀者們多少也曾也跟我一樣，在失眠或時差等睡眠不足的狀況下，為很無聊的小事煩心、傷心。直到好好睡一覺過後，一切負面情緒才自動雨過天晴。

我在個案身上也觀察到，許多身體病症也都受到情緒壓力所影響。比如：過去曾有個案反覆發作的皮膚狀況，和起起伏伏的感情關係緊密相關。當他在曖昧中受盡委屈，濕疹也就在四肢肆虐橫行。最後，他的濕疹問題也在遇見真誠待人的好對象後，自然而然地迎刃而解。

這就是所謂的「身心相繫」——生理與心理，是會相互影響的。因此，在我們嘗試觀察、調理，甚至是進一步解決生理或情緒問題時，都得要同時觀察身心的整體安康（Well-being），把自己或他人視為一個自成生態系的有機體，避免錯漏了能夠全面性地平衡身心的療癒關鍵。

身心能量的拍立得：身體掃描

在芳香療法的教學現場，如果課程時間設定在平日晚間，學員通常都從四面八方而來，到了教室之後經常呈現驚魂未定的狀態，身體雖然到了，但心卻還沒來得及進入到教室空間中，更遑論要專注學習。

這時候，我通常會從「深呼吸」開始，帶領學員慢慢「回魂」，把思緒從工作、家庭，或者是生活煩惱中拉回當下。但如果遇到氣氛特別躁動的場合，就是「身體掃描」必須上場的時候。

所謂「身體掃描」，就像二〇二二年初曾在年輕世代中很流行的手機應用程式「Be real」，每到指定時間就得要拍下一張照片，重點是不可修圖、不能美顏，必須紀錄當下最真實的自己。

讀者們也可以跟著以下步驟，來進行一次完整的身體掃描練習。

❶ 找一個安靜且不會被打擾的角落，並建議點上喜歡的精油香氣，幫助自己能夠維持規律的呼吸。

❷ 採舒服坐姿，雙手雙腳自然擺放。

（如果想躺下來也沒問題，但平常睡眠債務比較高的人，容易躺著躺著就睡著。建議可以評估自己的狀態來選擇姿勢。）

❸ 閉上眼睛，把意識專注在頭頂，可以想像頭頂上有一顆亮白色的LED小光球，照亮局部的肌膚部位。

❹ 保持呼吸的節奏，同時想像光球緩慢地沿著身體正面的中軸向下，從額頭、鼻尖、人中、嘴唇，接著到喉部、胸口、腹部，最後來到骨盆區域。觀察光球所照射的身體區域中，有沒有任何地方感受到緊繃、糾結、歪斜，或者「卡關」？如果有，就把這個部位的感覺記下來，但不去詮釋也不去批判。

❺ 光球抵達骨盆之後，從下方繞過會陰部位，再沿著背部的尾椎、腰椎、胸椎，頸椎，最後從後腦勺回到頭頂。

❻ 接著慢慢減少光球的亮度，並在光球亮度完全消失後，伴隨至少三次深呼吸，再慢

慢慢睜開眼睛。

❼把剛才的觀察寫下來。

在身體掃描的練習中，可以客觀記錄當下正在經驗的某些狀態，並透過短暫卻深刻的與身體連結，來把某些感覺跟事實分開。

比如，覺得無比煩躁的時候，透過身體掃描，可能才意識到自己原來肚子餓了；又或者是忍不住對另一半生悶氣的時候，在掃描過後才發現竟然是自己一直忘了深呼吸。身體掃描，能夠幫助我們開啟「內控」的可能性，不再陷溺於情緒「領域展開」後無解的局面。若是能夠在掃描過後，進一步搭配按摩與使用精油，便能透過解開身體糾結，打開心靈的窗口。

活在當下的練習：嗅吸香氣與按摩

在美國各州逐漸發展的過程中，每個地區都擁有自己的領地格言，其中不乏「不自由毋寧死」、「人民安全是國家第一要務」等，帶著強硬色彩的句子。其中，南卡羅來納州的格言之一是以拉丁文寫成：「Dum spiro spero.」翻譯成中文，便是：「一息尚存，就有希望。」是我讀過對於「呼吸」，最簡潔、卻最有力量的描述。

不管是正念冥想、瑜伽修行，還是各種運動的演練，幾乎所有的指導者或教練在第一堂課開工時，都會把重點放在「呼吸」。畢竟呼吸的快慢、深淺、節奏，以及搭配身體練習施力的時機，會很大程度地影響身體機能的表現。就算說呼吸是身體「力量」的開關，也不為過。

呼吸也對人的「生存實感」至關重要。在建立讓人「有力」的安全感時，穩定且深沉的呼吸，也能夠減少焦慮情緒、幫助集中注意力，更能降低憂鬱風險、並發展決策能力，讓人不因突發意外而自亂陣腳。

而在練習呼吸的過程中，精油是非常重要的導引。無論是選擇自己喜歡的氣味，或者是跟隨本書篇章介紹，挑選能帶領我們「從無到有」的氣息，只要能夠排出時間有意識地吸聞精油香氣，便能讓深呼吸的好處更上一層樓。

而在日常生活中進行深呼吸練習，需要注意以下重點：

❶ 深呼吸練習隨時都可以做，但請至少保留十個深呼吸循環的時間（或者可以計時兩分鐘），讓自己的身心有足夠的時間緩和下來。

❷ 一開始練習時，可以在心中默數吸氣與吐氣的節拍。比如：吸氣四拍、吐氣四拍，或者吸氣四拍、吐氣八拍等組合搭配，可以讓呼吸進入到更穩定的節奏中。

❸ 吸氣時，讓腹部放鬆，同時也要感受到胸腔往前後左右四個方向同時展開；吐氣時，腹部微微收縮，幫助吐氣得更徹底。

許多人因為平時呼吸短淺，在進行呼吸練習的初期，可能會出現頭暈、肋骨側面痠痛，或者是其他不適，建議先休息一下，之後再進行。如果不舒服的情況持續出現，建議尋求專業醫師的協助。

而在呼吸之外，按摩與觸碰確實也是安撫焦慮、且帶動內在情緒回歸平靜的好方法。比如：網路上滿山滿谷的整人影片，每個不幸被密謀驚嚇的受害者，幾乎都會在驚聲尖叫後下意識觸碰自己——無論是拍拍胸口、環抱自己，或者是摸摸頭髮和後頸，來平緩突發情緒，都是身體下意識讓自己「活在當下」的情緒處方。

觸碰與按摩能夠帶來的好處，後續將在本書進行更詳細地說明。

無力到有力的香氣

沉香醇百里香（Thymus zygis）

百里香可說是精油界的「百變天王」，其強大的適應力使其在地中海地區皆能生存，還因生長環境的風土條件不同，發展出了不同的品系（意思是，植物本身雖然是同一個品種，但主要的芳香分子不同，氣味聞起來當然也有差異）。本篇要介紹的是以「沉香醇」氣味為主的沉香醇百里香，又稱為「甜百里香」。

沉香醇氣味在許多花朵裡都是重要的溫柔和音，調和其他芬芳氣味、吟唱出甜蜜的花園交響曲。而沉香醇百里香雖然也是甜美宜人，但百里香基因仍保留了生猛氣息以及「溫補」作用，是對男女老少來說都很實用，接受度也很高的氣味。

在眾多品系的百里香中，沉香醇百里香是使用起來相對安全的一種。只要經過適當稀釋，就能夠發揮其強大又廣泛的「抗菌作用」。能夠強化皮膚與呼吸道的健康，也能在免疫低下時激勵身體振作起來，繼續抵抗細菌和病毒的侵襲。

此外，**沉香醇本來就有滋補神經的作用，帶有濃濃草根特性的沉香醇百里香，更是神經疲乏、衰弱，或者是慢性疲勞時的香氣好朋友。**而百里香經常被拿來作為香料使用，**萃取成精油後也能讓人感受生活「有滋有味」，再怎麼兩點一線的生活，也都能在百里香的護佑之下讓改變發生。**

因此，沉香醇百里香非常適合兩種「無力人」使用：

第一種是生理與心理的抵抗力薄弱的無力人。

這類人不只容易在季節交替期間走在流行巔峰，罹患感冒或其他呼吸道疾病，同時也容易受到風向或立場影響，覺得情況混亂而不願意或不能夠下決定。沉香醇百里香能夠幫助這類人穩定軍心、恪守身心防禦力，不在風吹草動中如履薄冰。

第二種無力人，則是期待萬事一蹴可幾的人。

若是需要日積月累努力才能看見成果，就懷疑自己是否懷才不遇、擔心自己江郎才盡。沉香醇百里香的葉片細小，卻帶有強大的環境適應力，正好可以為這類人打一劑香氣強心針，發展草根性格，學會一步一腳印地踏實前進。

對皮膚敏感者、嬰幼兒或孕婦來說，沉香醇百里香的純露（蒸餾精油過程的副產品，含有部分溶於水的芳香分子）**是非常好用的香氣護身符**。天冷或天氣變化大時，加入泡澡水進行泡浴，或化妝棉沾取貼敷在腳底、胸口或擦拭脊椎兩側，都是激勵免疫系統的良方。

沉香醇百里香的香氣冥想：

❶ 將沉香醇百里香的精油，調和橄欖油或荷荷巴油至百分之五的濃度（約為十毫升植物油中，加入十滴沉香醇百里香精油），每天睡前塗抹於下腹、尾椎，以及兩腿後側。也可另外加強小腿脛骨內側的位置，提振整體能量循環。

❷ 採舒服坐姿，並將雙腳穩穩踩在地面上，雙手放在鼻尖位置，一邊嗅聞沉香醇百里香香氣，一邊進行十個深呼吸。

❸ 想像地面傳來溫暖的紅色光線，沿著腳掌被帶動到全身循環一次。

❹ 最後在香氣中輕聲對自己誦念六次：「勇氣。」進行三個深呼吸後，再誦念六次：「勇氣。」

如果有任何的念想，可以在儀式後過後取紙筆書寫下來。

高地杜松（Juniperus communis nana）

對沒有嘗試過芳香療法或不瞭解植物的朋友來說，杜松兩個字乍看時或許陌生，但如果你跟「007系列電影」的主角詹姆斯．龐德（James Bond）一樣熱愛經典調酒琴通寧（Gin Tonic），就可能對琴酒中那略帶草青印象的杜松子香氣感到十分熟悉。

在芳香療法的應用中，**杜松精油是排水利器，能夠幫助淤積阻滯的身體部位洩洪，恢復彈性與輕盈**。而在本篇要介紹的高地杜松，則是生長於較高海拔的杜松變種，氣味呈現也跟一般杜松有著極大的差異。

高海拔的生長環境，常常會讓生長於此的植物懂得「臣服」。畢竟山區狂風冷冽無情，太過張揚的植株可能會被強風斷枝折葉，甚至連根拔起。高地杜松發展成幾乎橫向生長的匍匐姿態，植株最多只有五十公分高，就是它老老實實接受現狀，並且持續接引土地能量支持自己的證據。

因此，與杜松的利水作用不同，**高地杜松更能發揮的主戰場在肌肉與骨骼，也能減緩神經與關節的疼痛。特別是坐骨神經痛或骨盆、腿部區域的莫名抽痛，高地杜松的止痛作**

用也相當驚人，非常適合日常久坐久站的人使用。

除此之外，高地杜松「有幾分空間就長幾吋」的生存策略，**也能夠幫助那些好高騖遠或妄自菲的極端心靈，能夠沉靜下來並且直面真實現況**。唯有不閃避地面對問題根源，才有機會懇切地評估利益得失，而非陷入紙上談兵或自怨自艾的心理。

高地杜松也很適合五十歲的長青族群使用，不只是能夠強健體能、減緩疼痛，也對於情緒方面帶來極大的支持。尤其是面對兒女離巢後出現的情緒空窗期，高地杜松能夠讓人不再耽溺於過去，願意轉過身踏上新的生命階段，享受屬於自己的時光。

若是**經常旅行、出差，卻容易認床、認枕頭，並且對空間狀態非常敏感的人，也可以隨身攜帶高地杜松精油**，在進入房間後將精油滴在衛生紙上，並分散放於房間的四個角落。**高地杜松的香氣可以發揮保護與適應的精神，讓人快速在新環境中安頓自己。**

高地杜松的香氣冥想：

❶將高地杜松與橄欖油或荷荷巴油，調和至百分之五的濃度（約為十毫升植物油中，加入十滴高地杜松精油）。在轉換到新環境、接受新挑戰，或者是覺得生活不受控而產生無力感時，將其塗抹於膝蓋、腳底，虎口處，以及外側掌緣的手刀位置。

❷嗅聞手掌香氣，進行十個深呼吸。

❸接著採取站姿，雙膝微蹲，腳掌穩穩踩在地面上，接著輕輕上下微蹲，感覺每一次的蹲下都在幫助自己踩得更穩，持續一分鐘。

（視個人體力縮減至可接受的時間範圍）

❹最後回到站立姿勢，靜默至少三十秒，感受身體的熱能如何循環與流動。

如果有任何的念想，在儀式後過後取紙筆書寫下來。

按摩的安全守則

在進入到按摩教學的段落前，有幾個關於按摩的注意事項要與各位讀者分享。

對於提供按摩的新手來說，首要之務是：「確保自己不要受傷」。尤其台灣民眾按摩「無痛不歡」，因此在按摩過程中習慣過度施力。如果平時如果沒有進行按摩的習慣，就可能受傷，包含：大拇指過度施力後的疼痛、用力揉捏後手掌的痠痛等，都可能會造成短期或長期的傷害。因此一開始提供按摩的時間不需要太長，量力而為即可，避免受傷。

對於接受按摩的個案來說，**若是有任何的疼痛、不適，都必須即刻反應、且暫停按摩**。尤其疼痛時人體會不自覺得收縮部分肢體的筋膜與肌肉，整個療程下來可說是「挖東牆補西牆」，患部雖然可能會稍有緩解的感受，但其他部位卻因為緊繃，反而增加了受傷的風險。

搭配按摩油使用時，肌膚較為乾燥者，吸油速度較快，可能導致局部肌膚感受到摩擦與拉扯感。這時可適度加入更多的按摩油，避免按摩過程中發生紅腫、不適。

有力的按摩：雙腿與骨盆區域

若想鍛鍊身體的氣力，除了按摩本章節所提到的雙腿與骨盆區域，也可以在早晨起床後，先進行高地杜松的香氣精油冥想，活化下肢部位的循環，帶動整體能量的提升。

在反射區的概念中，腿部呼應著許多重要器官，掌管著人的整體循環。比如：小腿肚對應到心臟、小腿內側脛骨位置對應腎氣，而大腿內外側則與肝、肺，以及脾胃等區域相互呼應。因此，好好的按摩腿部，便能增加新陳代謝與循環的力道、強化身心動能。若是平時受手腳冰冷、慢性疲勞所苦，或者是長期處在工作壓力下造成睡眠困擾，也可加強整體腿部區域的按摩，讓人回到「有力」的狀態。

雙腿區域按摩

❶ 首先一比一調和沉香醇百里香與高地杜松精油，並依照百分之五的比例調製在植物油中（在十毫升的植物油中加入十滴混合後的精油）。

❷使用前，亦可用手掌慢慢搓熱按摩油，加強吸收效果。
❸先從「足跟」開始，以畫圈手法按摩腳踝，再來沿著小腿後側慢慢向上揉捏。
❹膝蓋部分也可塗油後，加強揉捏膝蓋後側的凹槽處與膝蓋上方的部位。
❺接著整條大腿塗油後，進行揉捏。亦可雙手握空拳，加強敲擊大腿外側的位置。
❻整隻腿部完整塗油三次，最後回到舒服坐姿或躺姿，閉上眼睛嗅聞精油香氣。

骨盆區域按摩

骨盆區域蘊含著讓人「行得正、坐得穩」的能量，在反射區理論中也對應到「肩膀」。因此過大的壓力，除了造成肩膀區域的負擔之外，經常也會在骨盆區域造成壓力。然而因為結構的關係，骨盆區域的緊繃不太容易用自我按摩的手法，來進行整體性的舒緩，因此我們可以使用按摩腿部區域的按摩油，在三個區域重點加強：

腹股溝：久坐久站的人，經常會在腹股溝區域出現緊繃的狀況。我們可以取適量按摩油於雙手手心，搓開後塗抹於腹股溝位置，並且使用大拇指以外的四指進行輕揉按壓。若感受到比較緊繃的部位可做重點局部加強，單點按壓時間不宜超過太久。

骨盆上緣：將雙手叉腰，沿著脊椎兩側向下觸摸，就會摸到骨盆上緣的骨骼位置。許多人因為日常久坐，會在這個區域感受到筋膜較為緊繃，可取適量按摩油塗抹於這個區域後，將雙手握空拳，輕輕敲擊這個位置。

臀部按摩：採站姿，將雙手握拳至於兩側臀部位置稍加力量，以畫圈方式來按摩臀部。若無法立刻掌握按摩區域，也可參考「環跳穴」的位置（位於臀部兩側，站立緊繃臀部時，股骨凸起點上方的凹陷處。）來進行按壓。

在接下來第二章節中，也會針對讓人「從無感到有感」的目的，介紹骨盆按摩的其他操作方式。如果你常覺得骨盆緊繃，也可以同步進行兩種按摩方式，強化放鬆效果。

CHAPTER

2

無感到有感

敢 有 感 覺

不想有感覺，是一種自我保護

自我檢核：

- □因為「有感覺」很麻煩，所以試著不再有感覺
- □因為「在意」很累，所以試著不去在意
- □對自己的「無感」慢慢無感
- □和各種感覺（不管是好的、壞的）失聯

為無感找成因：無感可能是一種自保機制

二〇一二年一部經典的電視廣告中，那句耳熟能詳的問句：「阿嬤！你怎麼沒感覺？」不知道讀者們是否還有印象？在廣告中，小女孩騎著腳踏車不小心壓過阿嬤的腳，阿嬤卻沒有感覺、也沒有反應，仍呼呼大睡。這個阿嬤「無感」的案例，可以直接透過生理上的角度來推論，可能是源自周邊神經病變的徵兆。

不過，除了在「身體上」無感之外，在心理萎靡的狀態裡，我們也很容易變成在「心理上」沒有感覺。心理層面的感受是我們生活的一部分，也是推動人們往前進的重要因素。「有感覺」，會讓我們更知道下一步可以怎麼走、怎麼調整目前的狀態或步調。無感狀態，會讓我們愈來愈失去未來行動的方向與動力。當我們無所作為、停滯不前時，又會感受到更沉重的無感狀態，形成惡性循環。

人是如何變得無感的呢？原來，從心理學角度來看，變得無感原來是一種「自我保護」的方式。怎麼說呢？這一章，讓我們來談談這個現象。

「無感」的心理學

行為學派的心理學家認為，任何人類展現（或不展現）的行為背後都是「有意義的」；或者更精確的說，人們行為的展現（或不展現）都是「有功用的、有幫助的」。我們可以透過這個角度來思考的是：不管是出於有意、還是無意，讓自己變得「沒感覺」，背後可能有哪些潛在的好處與用處？

先來談談感覺是怎麼形成的。眼睛、耳朵、鼻子、嘴巴、皮膚，這五個感受器官從外界接收了各種感官刺激，這些刺激來到大腦之後，經過我們大腦的「加工」進入到我們的意識，形成了所謂的「感覺」。

從生理角度來說，除了像上述提到周邊神經病變的例子之外，其實人們是不可能沒有感覺的。只要你眼睛一張開、鼻子一吸氣，耳朵、皮膚等器官還在正常運作的話，感官經驗都會無法控制、無法阻擋地進入你的大腦，進而讓你感受到這些感覺。

因此，我們可以更精準的說，心理上的「無感」，指的不是沒有（源自五感的）感官經驗，而是一個人對於這些刺激進入大腦意識之後的感覺，是顯得被動、消極、防衛或抗拒的。

除了來自外面的感官經驗會引發我們內在的感受之外（可以稱為「外在經驗」），其實還有另一種感受來自「內在經驗」。什麼是內在經驗呢？也就是我們大腦中可以自己形成的感受，像是你在看到這些文字時，這些文字就是外在經驗，你理解了這些文字之後，腦袋瓜開始進行更近一步的思考。好比：「這是對的嗎？」、「這段好像不好理解。」這些，就稱為內在經驗。除了思考之外，情緒、身體感覺、想做些什麼的衝動，都算是大腦可以「自產自銷」的內在經驗。

我們可以透過下頁的表格來理解。

外在經驗	視覺：眼睛看到家人爭執的畫面 聽覺：耳朵聽到爸媽爭吵的聲音
↓ 進入大腦處理 ↓	↓ 進入大腦處理 ↓
外在經驗引發大腦產生更多內在經驗	想法：「覺得有完沒完。」 情緒：「覺得煩躁、恐懼。」 衝動：「想立刻躲回房間、有股叫他們閉嘴的衝動。」 回憶：「想到這些事發生了不知道多少次。」 感受：「無力感、不知道該怎麼辦、很無助……」

在上述表格的案例中，當父母爭執這種狀況很常發生，而且自己覺得沒辦法做些什麼來改變這種狀況時，就會出現前一章提到的「無力感」。事情的關鍵在於，當「無力感」出現時，這種感覺會讓我們也感到很不舒服。在人們經驗到不舒服的感受時，我們多半不會「什麼都不做」，而是會想辦法去處理這種不舒服的感覺。

不過，倘若我們第一時間想不到該怎麼處理這種不適感的話，有一種最容易的處理方式就是：假裝這些感覺不存在，或者做些什麼忽視、隱瞞、或者壓抑掉這些不舒服的感覺。當我們慢慢習慣這麼做之後，你看起來就會像是開始對這些事情變得無感了。

外在經驗	視覺：眼睛看到家人爭執的畫面 聽覺：耳朵聽到爸媽爭吵的聲音
← 進入大腦處理 ←	← 進入大腦處理 ←
外在經驗引發的內在經驗	想法：「覺得有完沒完。」 情緒：「覺得煩躁、恐懼。」 衝動：「想立刻躲回房間、有股叫他們閉嘴的衝動。」 回憶：「想到這些事發生了不知道多少次。」 感受：「無力感、不知道該怎麼辦、很無助……」
發現這些經驗 讓自己覺得不舒服	無力感變得很明顯
做些什麼來「處理」 這些不舒服	喝酒、離家、沉迷網路 刻意忽視或逃避去「感覺」無力的感覺
久了之後，你慢慢變得無感	情感麻木、無動於衷、沒有反應

表面上來看，你可能會覺得自己對家人爭吵這件事發生很多次之後變得無感。但更精確地說，是家人持續爭吵很多次之後，引發了你內在不舒服的感受（不管是煩躁、有完沒完，還是久了之後的無力感）。當你感受到這些內在經驗時，這種內在的不舒服讓你沒辦法「一直放著不管」，於是你的大腦（不管是有意識、還是無意識的）想出了一種方式，就是「刻意去忽視這些內在的不舒服」。上述提到的：壓抑、否認、假裝不存在……讓你可以暫時找到一種方法去「不要感到不舒服」。

當這種方法用久了之後，你就會慢慢變得「無感」。從這種角度來看，無感其實是一種保護機制，讓你可以不用再去感覺各種不舒服的感覺。但這種保護機制使用上如果沒有拿捏好，就很可能讓你慢慢失去「有感覺」的能力。

為了變得無感，人們想盡各種方法

外頭發生的事情（外在經驗）確實讓人感到無力。但當你還具有「感覺到無力」的能力時，壓力就好像變成了兩倍。其一，是外面發生的事情（好比父母爭執）；其二，是「揮之不去的無力感本身」。

這也是我認為，變得無感其實是一種保護機制的原因。雖然外面發生的事情沒辦法立刻改變，但是，至少我們可以努力讓自己跟「內在經驗」斷線，來減少自己接受到負面感受的強度。在心理萎靡的狀態中，一開始只是想保護自己的習慣，到後來真的會慢慢讓人變得無感。久而久之，我們會更害怕讓自己有感覺。

根據臨床經驗，為了讓自己不要有感覺，人們會發展出各種行為，在這邊你也可以陪自己檢視看看。

❶ 透過物質讓自己跟感覺斷線

抽菸、喝酒、娛樂性用藥、乃至於毒品的使用，在行為的功能上都是類似的，都是希望透過「化學物質」（也就是菸、酒、毒裡頭的化學成分），讓大腦接收到感覺的能力被改變。透過直接改變大腦內部的狀態，讓自己可以和煩惱、不舒服的情緒或感受「斷線」。

雖然俗話說：「飯後一根菸，快樂似神仙。」但從行為心理學的角度來看，飯後一根菸帶來的其實不是真正的快樂。菸真正的功用比較是讓這個人可以「暫時不要感覺到不快樂」，抽菸其實是和「不快樂」（暫時）斷線的一種方法。

❷ 採取某些（看似快樂的）行為讓自己跟感覺失聯

其實，剛剛提到的菸、酒、用藥的例子，如果再嚴重一點，發展為過度使用，就會變成臨床上稱為「物質成癮」的現象。除了用物質來讓自己沒感覺之外，近代臨床上也發現，人們還能透過行為成癮來讓自己可以忽視那些不適感。

什麼是「行為成癮」呢？這指的是一種強迫或衝動感，自己會一直想去從事某些特定的活動，儘管這樣做可能帶來負面後果。此外，不管是物質成癮還是行為成癮，成癮行為本身也會讓當事人意識到，自己太沉迷在這些東西裡了，因而感覺到一種自己踩不住煞車、管不好自己的罪惡感或羞愧感。當罪惡感或羞愧感變強烈時，我們又會因為想要跟這種感覺斷線，更不小心再次投入那些成癮中。

常見的行為成癮例子，包含：熬夜晚睡、沉迷網路、瘋狂追劇、購物血拚到荷包君陣亡、暴飲暴食，沉迷於其他對身體不利的壞習慣等。

這些行動一開始感覺做起來很快樂，但很多人到後來拿捏不住輕重，開始出現「如果不做，就不快樂了」的感覺。當一個人已經出現這種感覺時，他們在做這些行為時，多半已經不是為了追求快樂，而是和剛剛提到的菸癮一樣：行動，其實是一種企圖讓自己「不要不快樂」的方式。讓自己在面對不快樂的感受時，可以因此變得無感的習慣。

❸用（看似不快樂的）行為讓自己跟感覺保持距離

為了避免感受到某些「不舒服」，人們甚至願意用其他版本的「不舒服」來進行掩蓋與掩飾。舉例來說，「遷怒」、「大肆抱怨」就是現代人時常使用的方式。當自己內心很不開心、不快樂，甚至有些憤怒的時候，我們不願意直接去面對內在這樣的感受，反而選擇把這些負能量宣洩出來，透過遷怒、無止盡的抱怨直接往外倒出來。

表面上來看，這種方式好像可以讓人感覺負能量真的「變少」了一點。不過，這其實只是假象。心理學研究發現，宣洩情緒只是讓負面情緒「短時間內」緩解一些，過不了多久，那些負能量就會再次回來，而且力度可能會加倍。

既然如此，我們為什麼還是會覺得宣洩是個好方法呢？因為對當事人來說，在宣洩的過程中會直接而快速的感受到「真的有舒服一點了」的感覺，這種「短期效果」就是讓此人未來會繼續這麼做的原因。

除了遷怒或抱怨之外，還有個現代很常見的例子：「工作狂」與「完美主義」。透過沉溺於工作、透過無止盡的追求完美（儘管過程是辛苦的，在極端的狀態下，甚至會嚴重影響到一個人的生活），我們彷彿就可以離「不完美」（當事人心想：不完美的感覺真讓人難受）、離「工作之外其他各種狗屁倒灶之事帶來的煩躁感」遠一點。只要認真躲在工作裡，其他討厭、煩人的感覺，就沒有機會可以困擾、影響到自己了。只要一直想辦法變得完美，這樣「不完美引發的焦慮或恐懼」，就沒有機會被自己「感受」到了。

工作狂與完美主義之所以會盛行，部分原因也在於它們確實帶來的「短時間內」的情緒舒緩。只是長期來看，工作狂與完美主義其實是一場沒有「暫停」的鬼抓人比賽。只要你一鬆懈，鬼就來追你了，你就得再次跑起來……任何時刻，我們總是能找到未完成的工作、發現一絲絲不夠完美之處。為了讓自己在面對不完美、面對生活中不舒服的經驗時，可以變得無感，用工作狂或完美主義來當作擋箭牌，對個人造成的犧牲真的太大了。

❹ 在內心世界裡面「躲起來」

剛剛提到的都是比較「用力」的例子，但其實人們也發展出一些「軟性的」方法，來讓自己不要有感覺。好比：放空、發呆、做白日夢等。

舉個例子，在開會時你真的覺得好無聊，這種「無聊、乏味」的感覺讓你覺得有夠悶。為了不要讓自己再繼續浸泡在無聊這種不舒服的感覺之中，於是你在內心世界創造了一個小天堂，透過神遊、發呆、幻想自己中樂透，或者是今年要去哪個國家出國等等。你躲進自己的幻想世界，進而讓自己不用感覺「無聊」。

❺「預防性」地讓自己變得無感

以是，請進行造樣造句的練習：

只要不______，就不用______。

例如：

只要不期待，就不會害怕受傷害。

只要不寫作業，就不用面對寫不好的煩惱。

只要不談戀愛，就不會被別人拋棄。

只要不出書，就不用擔心書賣得不好（來自作者的真實擔憂）。

類似上述的這些句型，其實也是一種讓自己可以「預防性無感」的策略。大家熟悉的「拖延」、「逃避」也是。因為預期做了某件事之後，可能會引發一些不舒服的情緒。根據過往經驗，你早就預料到這種狀況可能發生。唉，那該怎麼辦呢？有了，聰明的人類大腦想到一個好點子。如果做某些事情會引發後續不舒服的感受，那方法很簡單啊！現在就別做了吧！

不去做那些會引發不舒服感受的事情，這樣此刻就不用面對那些不舒服了。從行為主義來看，這真的是非常聰明的策略。但這種策略的陷阱是，我們接在「只要」後面的幾個字，往往都是當事人真心在意的事。而我們如果真的都不行動，就會不斷限縮自己人生的可能性，人生反而變得愈來愈萎靡、無力。

左腦解方

用另一種方式，勇敢地擁抱感覺

想要不「無感」，我們得先面對的第一個課題是：**重新去面對那些我們在變得無感之前，很努力想要逃避開的各種感受——特別是負面的感受。**

我在諮商的過程常發現，愈努力讓自己無感的人，往往對負面感受貼上了各種「標籤」。舉例來說：

負面的感受是沒有用的。

負面的感受是我承受不住的。

負面的感受會造成自己和其他人麻煩。

我沒辦法好好處理負面的感受。

當你愈認同這些想法時，就愈可能會想盡辦法、有意無意的努力讓自己變得無感。因為「有感」真的是太麻煩了。以邏輯來說，出於自我保護努力讓自己變得無感，其實是某些時刻合情合理的選擇。但誠如我們在前文所說，這樣的選擇看似「安全」，卻也限縮了你我人生的可能。

變得有感的第一步：在感覺出現之前，先停在外在經驗本身

之前在網路上流傳著一張圖，標題是：「何謂接納？」（Accpetance）圖片被分成左右半邊，都畫著此刻正在下雨的插圖，但兩邊的人，卻對下雨有不同的反應。

圖片左邊的人呈現出「接納的狀態」，看到下雨，他的內心出現了一個想法：「嗯，現在下雨了。」而另一邊的人物則示範了「不接納」的反應。同樣是下雨的場景，他的內心則是想著：「下雨了！天啊，太糟了！接下來都會下雨嗎？為什麼最近這麼不順？連老天爺都在整我嗎？冬天這麼快就來了嗎？……」

這張圖我在諮商或演講時很常拿來給大家看，用來示範「接納」的意思。在各種事件發生的時候，如果我們想練習慢慢地把感覺找回來、變得有感，第一步就是：先去好好感受「這件事情」本身（外在經驗），不用急著跳到「這件事情引發出來的各種感受」（內在經驗）。

以剛剛的例子為例，我們再來看一次：

原料（事件本身）：「下雨了。」

加工（我們對事件進行了好多後續的內在判斷）：「天啊，太糟了吧！接下來都會下雨嗎？為什麼最近這麼不順？連老天爺都在整我嗎？冬天這麼快就來了嗎？……」

在變得有感之前，我們要先願意停留在「原料」的階段，好好地去感受事件本身的狀態。眼睛看到了什麼……耳朵聽到了什麼……鼻子聞到了什麼……皮膚感覺到什麼……在這些很原始的感受停留一會兒，並且去觀察在感受到這些感受時，你的大腦想對這些感覺進行什麼「加工」。

對原料（外在經驗）進行加工，其實是大腦天生的任務，要它不要這麼做，真的很困難。不過，我們可以先從「有意識的」發現大腦正在這麼做，然後緩緩地踩煞車，從舒緩大腦繼續往下加工的力道開始做起。

近年在坊間非常流行的「正念」（mindfulness），正是對治大腦這種習慣的好工具。**正念，意指：「刻意地將注意力放在此刻、此地，去覺察現在外面發生了什麼事、內在出現了什麼感受、想法，與此同時，對於你現在經驗到的一切，不去做任何的批判、貼上好惡的標籤，而是讓這些經驗『如其所是』。」**這些經驗是什麼樣子，就讓它是怎樣。正念就是一種與原始感覺「連線」，但先不加工的練習。

個案經驗告訴我，這種「試著不加工」的練習，著實讓許多人覺得困難。我會提醒個案的是，當你發現自己不小心開始對外在經驗加工、開始判斷這些感覺好與不好、喜歡不喜歡時，提醒自己，大腦只是在做它習慣做的事，你只要發現自己的大腦正在做這件事，然後慢慢再把自己帶回到經驗本身就好。

透過正念練習，我們多半能慢慢意識到自己的大腦時常處於「自動批判」的狀態。當你發現自己又在對外在經驗產生批判時，很多人會不小心對這個「習慣批判的動作」產生批判，心想：「我怎麼又在批判了？我怎麼總是在批判呢？我是不是又做錯、又做得不好了呢？」

推廣正念於醫療應用不遺餘力的卡巴金博士（Jon Kabat-Zinn, PhD），近年也在他以正念為主題的新著作中提醒我們：**「當我們發現自己又一次陷入批判的時刻，我們只需要知道這件事情發生了，然後放下我們急著對這個批判的批判，再次回到原本在做的事就好。」**

讀者可以在網路、許多youtube或podcast節目中，搜尋關鍵字「正念練習」，可以找到許多老師錄製的引導。挑幾個你覺得適合自己的，試著讓每一天都有幾分鐘的時間，可以透過正念的精神，讓自己慢慢的習慣處於接納的模式。

心理治療好工具：暴露不反應

「恐懼本身往往比現實更糟糕。即使我們的恐懼確實發生了，其本質也可能與我們所想像的不同。」

——《成長心態》，史考特．巴瑞．考夫曼與喬迪恩．費恩戈爾德（Scott Barry Kaufman & Jordyn Feingold）

透過正念，我們慢慢與「外在經驗」重新連上線了，下一步就是「去感受『外在經驗』必然引發的『內在經驗』」。並且透過一種「特定的體驗方式」，改變自己經驗這些內在、外在經驗的方式。在心理治療中，有一種練習稱為「暴露／不反應」，這種最早應用在恐懼症的治療方法，也是我們練習慢慢有感的好工具。

典型的恐懼症患者都會有自己非常害怕的情境：有人害怕人群、有人討厭「高」（懼高症）、有人不敢上台報告或搭飛機等等。當患者意識到自己正在面對它最害怕的事情時，恐懼感受就會急遽蔓延，逼著自己盡速逃離讓自己害怕的情境。

這種「快逃啊～」的做法，其實就是一種讓自己可以快速無感的做法。蜘蛛讓我恐懼，而我因為這樣的恐懼而深感不舒服。只要我離開蜘蛛，恐懼就會消失，我就不會再感到恐懼了。乍看之下這種方法很有效，但長久下來，反而愈來愈害怕蜘蛛。在焦慮症比較嚴重的患者上，甚至只要「提到」、「說到」讓他害怕的情境，他就會開始出現焦慮的反應。

要處理這種狀況，心理師會透過「暴露／不反應」的方式，帶領個案慢慢去「感受」自己原先不想感受的感受。以剛剛的蜘蛛恐懼症為例，心理師一開始會先透過蜘蛛的卡通圖片、蜘蛛的照片等素材來當作刺激。在患者準備好的時候，從輕量級的不舒服，試著開始慢慢接觸這種不舒服的感覺。

在看到蜘蛛照片時，焦慮出現了。患者通常會急著想「結束」這痛苦的過程，讓自己不用去感受焦慮（焦慮真的讓人太不舒服了！）。而心理師的任務則是溫柔地在一旁引導，讓患者能在安全的狀況下，透過此機會慢慢「暴露」在焦慮的感受之下。搭配一些呼吸調節、放鬆的引導，並且斟酌「適中的焦慮程度」。

在一定程度的引導練習後，患者會從一開始的極度不適慢慢發現幾件事：

❶ 蜘蛛還是會讓我覺得害怕。

❷ 但我對於「恐懼和害怕」的感受本身，好像比較沒那麼害怕了。

❸ 在面對我害怕的事物時，原來我不一定要逃走，而是可以用不同的方式去面對。

在暴露練習時，「不反應」也扮演著重要角色。一般狀況下，焦慮會讓人想要做出的反應，就是逃跑。而暴露加上不逃跑，個案才能發現，原來這些感受我是可以承受的。其實不反應與先前提到的「接納」有所呼應。接納現在不舒服的感受，不急著貼標籤、不急著撤退，而是試著留給這些感受一些空間、一些時間，不管這些感覺是舒服的、不舒服的都好。感覺就是感覺，無論正向、負向，這些感覺都會隨著時間慢慢的淡去。

在暴露不反應的練習中，我們慢慢有機會與感覺再次「連線」。也許讀者在生活中要面對的不舒服，可能未必像恐懼症患者的焦慮那麼強烈。但是暴露不反應的精神，同樣可以當作一種練習的方向。讓我們一起透過刻意練習，從難度小一點的不舒服開始，再次去面對、再次去「有感覺」，並且發現，原來我以為不好的感覺，其實沒有那麼可怕，我是可以承受的，我可以成為一個有感的人。

除了接納、暴露不反應的概念之外，其實身體也是我們練習找回感覺、開始不害怕有感覺的絕佳路徑。接著，讓我們來看看讓自己變得有感的右腦解方。

右腦解方

接觸是幸福的開關，更是找回感覺的線索

高鐵廣告用了好幾年的標語：「Be there，真實接觸。」重點在強調快速且便捷的交通，能讓人脫離網路時代的訊息與視訊所帶來的距離感，並提醒我們「在場」與親朋好友們共享美好時光的重要性。從疫情解封之後的「報復性旅遊」、「報復性用餐」，以及學員積極參加各種實體課程的現象中也能看出，大家對於「在一起」確實有很大的需求。

而同樣在疫情期間發展出來的居家工作（Work From Home）模式，雖然剛開始是出於必須隔離的無奈，卻也帶領所有職場工作者共同挑戰了傳統上必須「在一起」的工作想像。在疫情過後，不少產業出現了這樣有趣的現象：企業基於生產力要求，紛紛呼籲員工回辦公室上班，但許多人也都表示「回不去了」，不願意重返通勤生活。

到底是居家工作能夠創造生活與工作的平衡？還是辦公室環境能夠促進溝通順暢？大型企業與研究學者各有觀點。但回到高鐵的那一句「真實接觸」，到底對我們有什麼意

義？對於我們重新找回感覺、願意有感覺，能帶來什麼啟發？在右腦解方這邊，我們認為：**好好待在一起，好好觸碰，好好感受觸覺，或許是「集體無感」可以被翻轉的開關**。

觸覺作為分布範圍最大的感官，能幫助我們建立「邊界感」。從出生之後，我們隨時隨地都在用雙手探索世界，慢慢歸納出各種物品的質地：羊毛被毯的柔軟、草木的尖刺、指緣死皮的粗糙，甚至是植物葉片長出的絨毛，都透過觸覺被我們放入感官記憶庫當中。透過觸摸，我們理解那些在自己之外的存在「並不是我」。

而在主動接觸之外，與皮膚息息相關的觸覺，也是我們被動接受他人觸碰的受體。同樣是觸覺感知，卻常因爲接受行為的「主動」與「被動」，引發心理上距離感與邊界感的差異，並造成截然不同的情緒作用。比如，親朋好友主動給予一個擁抱，和陌生人不請自來的觸碰，在觸覺感官上雖然訊號類似，但搭配心靈界線的不同，便是幸福感與驚嚇感的天壤之別。

因此，舒服且安全的觸碰絕對是「有感」的開關，而在生理層面上，美妙的觸碰更能召喚出幸福賀爾蒙「催產素」（Oxytocin）的分泌，幫助我們感受到生命的精彩與美好。

幸福賀爾蒙：催產素

「催產素」是什麼？在產婦準備分娩時，身體會開始分泌催產素，擴張子宮頸、並促進子宮收縮，幫助順產。而陪產的準爸爸們雖然不像孕婦般「身負重任」，體內的催產素也會跟著提升，和媽媽一起期待著新生命的降臨。

在懷孕分娩的場景之外，催產素的功能便是幫助我們跨越內建的心靈界線，從社恐重症蛻變為充滿愛的花蝴蝶，甚至還能激發出跨物種的關懷。比如：身為人類最忠實的朋友的寵物犬，便會在與主人四目相對時，體驗到催產素大爆發，消弭了不同存在間的隔閡（有趣的是，寵物犬和主人相處時體內產生的催產素是寵物貓的五倍，看來家裡面的貓主子並沒有要跟奴才們跨物種連結……）。

催產素也能幫助我們更深刻地體驗親密關係帶來的美好，最直接的是提升對性行爲的接受程度。在草食主義當道、親密關係被刻意忽略，甚至被視為毒蛇猛獸的無感社會中，提升催產素能幫助我們重新意識到人我連結的重要，感受到被理解與接納的親密感。

當然，若是體內催產素濃度充足，還有許多特別的好處，比如：傷口會更快癒合、內臟脂肪與皮下脂肪代謝速度加快，甚至還可以減低「無腦暴食」行為，讓人自主控制卡路里攝取，對自己吃進去的食物更有感。

除了懷胎十月與身體上的觸碰之外，還有什麼行為可以幫助我們提高催產素分泌？答案是：「日行一善。」

乍聽之下可能覺得老調重彈，但試圖關懷、同理，甚至伸出援手提供幫助，都會提高施善者與受善者體內的催產素濃度。更有趣的是，若是旁觀者碰巧目睹了善行，他的催產素水平也會跟著提升。

行善帶來的催產素，也能幫助我們擴大意識範圍，稀釋糾結情緒的濃度。特別是體認到自己屬於社群的一分子後，感受到自己所能給予的支持，同時也從團體中的他人得到力量，進而發展社會化的性格面向。

在此，我們可以總結：在精神上、在肉體上，若想要脫離無感且開始有感，就得要先把內在焦點轉向，去意識且見證他人的存在，並發揮「真實接觸」的精神，讓我們透過觸覺在社群中同步感受到自己的存在。

那麼回到啟動有感的「觸覺」，有哪些身體按摩部位，可以幫助我們跨出第一步，去發展久未啟動的感官呢？

有感的開關在下腹、後腰、骨盆

在印度阿育吠陀療法中，能夠讓我們有感、感到有創意，甚至能夠充分感受到喜悅與活力的能量中心，就在下腹、後腰，以及骨盆的位置（也就是所謂的第二脈輪）。只要這個部位能夠充分活動，並且受到足夠的關注與刺激，就能發揮創造力精神，對這個世界保有源源不絕的好奇心。

回到生理系統層面來看，骨盆區域也裝載著許多重要的器官，包含：生殖系統的陰道、子宮、陰莖，以及負責性賀爾蒙分泌的卵巢、睪丸，還有維持人體站立時左右平衡的骨盆，以及整條脊椎最末端的薦椎與尾椎。

然而，現代只動腦不動身體的工作型態所引發的久坐問題，不只傷害了上述區域的能量循環，也成為眾多文明病的推手之一。久坐不只會增加心臟病、糖尿病、中風的症狀發生的機率，也和其他慢性病與癌症的發生有所關聯，影響的對象甚至超過受到菸害的族群。

久坐，也會阻礙骨盆區域的循環，同時對生殖系統造成影響。比如，久坐後造成的陰囊溫度升高，便是導致精蟲品質不佳或數量減少的原因之一。對女性來說，維持坐姿的時間太長，也會增加陰道感染的風險，甚至會影響子宮與婦科機能，可說是不得不慎。

若要深究久坐原因，不外乎工時太長、缺乏運動習慣、長期居於室內空間等，皆是缺乏「真實接觸」的生活習慣。反過來說，現代社會的節奏與韻律，以及過長的工時，都是讓人缺乏骨盆區流動，進而慢慢從有感變無感的幫凶。

當然，我們也可以訂下番茄鐘，讓自己每過二十五～三十分鐘就起身一次，訓練身體不要成為沙發馬鈴薯。但最根本的解方，其實是持續鍛鍊骨盆區運動、鍛鍊肌肉力量。比如：各類型的舞蹈，都是有感與創造力的好朋友。

尤其是專注鍛鍊骨盆的夏威夷舞，以及在熱力四射的嘉年華會中常見的森巴舞蹈，皆能夠促進骨盆血液循環，強化骨盆區域肌群。抽離身體放開自己地舞動肢體，也能夠降低壓力荷爾蒙，平衡生活中的焦慮情緒。

然而，要在第一時間鬆開肢體，對每個人來說並非都是容易之事，所以在日常生活中培養散步習慣，也是化解久坐困境的好方法。或者也可以透過以下的骨盆運動練習，幫助自己強化骨盆的循環、並強健骨盆的力量。

❶將雙腳穩穩的踩在地面上，雙腳與肩同寬，膝蓋保持微彎，雙手自然下垂，並盡量保持脊椎挺立。

❷先深深吸一口氣，接著吐氣的時候臀肌收縮，向前推進骨盆，下一次吸氣再讓骨盆回到中央位置，進行五個循環。

❸接著深深吸一口氣，吐氣時將右側腳尖輕輕踮起，並收縮右側腰間的肌肉，將右側骨盆抬高，下一次吸氣再讓骨盆回正，進行五個循環。

❹接著吐氣時，將骨盆向後提起，吸氣時回到正位，進行五個循環。

❺最後吐氣時抬起左側腳尖，收縮左側腰間肌肉並將左側骨盆抬高，吐氣時回正，進行五個循環。

在上述練習中，我們也可以搭配接下來要介紹的香氣，在練習前於骨盆區域加強滋養與按摩，透過香氣、觸覺，以及骨盆區域的滋養，避免陷入無感的惡性循環。

無感到有感的香氣

大馬士革玫瑰（Rosa Damascena）

要談香氣能夠創造出來的「有感」，絕對不能錯過大馬士革玫瑰。玫瑰香氣可說是精油之王，芳香分子多元、複雜又細緻，長久以來受到愛香之人的追捧。然而玫瑰香氣多半以小容量販售，若是瓶器密合狀況不佳，花香便容易隨著時間「魂飛魄散」。一般來說，會建議購買後便立刻加入荷荷芭油或其他的植物油調和，加強保存效果（調和比例可以採取一比一，或者最常使用的百分之五）。

而玫瑰香氣能夠帶來的療癒力，也呼應了它的複雜氣味，可說在方方面面都能夠帶來鼓舞與滋養。在美容保養上能夠加強保濕、調理油性膚質、改善肌膚感染，**芬芳香氣甚至具有「養肝」以及「平衡多巴胺分泌」的作用，讓人能夠發揮生理與情緒的代謝能力，不在虛無與享樂之間來回擺盪**。

除大馬士革玫瑰的名稱之外，市面上還常見以「產區命名」的現象。如：土耳其玫瑰、保加利亞玫瑰。如果未有特殊標示，便是生長在此區域的大馬士革玫瑰。雖因各地風土不同，產出的玫瑰氣味略有差異，但作用上非常相似，基本上可視為同一種精油使用。

大馬士革玫瑰對於信奉完美主義的心靈，有極大的安撫效果。追求完美心態背後，可能潛藏著自卑、恐懼，或者是被社會眼光過度檢視的不安全感。玫瑰綻放的氣味彷彿撐起粉色濾鏡，讓人看什麼都順眼，把小缺陷讀成使人活得更立體的個人特點。

因此，**大馬士革玫瑰也很適合害怕被批判的「社恐人」使用**。若是不得不出席某些社交場合，可在出門前於下腹和胸口區域抹上少許調和玫瑰香氣的按摩油，讓玫瑰氣味帶領我們有感交流，享受人際互動帶來的啟發。

在芳香療法中，除大馬士革玫瑰之外，還常用同屬不同種的白玫瑰（Rosa x alba），氣味比大馬士革玫瑰更清雅、細膩。若說大馬士革玫瑰氣味開展豔麗如夏日艷陽，白玫瑰便是登高瞭望天邊的一輪冷冽明月，適合心思更細膩或更容易陷入糾結情緒的靈魂使用。

玫瑰精油被大量地運用在香水或者化妝品產業中，因此價格向來居高不下，為了仿擬玫瑰的天然香氣，香精業者也推出了非常多的配方組合，但都沒有辦法還原玫瑰立體且獨特的氣味面貌，只能東施效顰。因此購買玫瑰時，特別需要注意產品訊息、種植方式以及產地，並向值得信賴的廠家購買，才能確保玫瑰能夠發揮其獨特的療癒力。

玫瑰的香氣冥想：

❶ 將玫瑰與荷荷巴油調和至百分之三的濃度（約為十毫升荷荷芭油中，加入六滴玫瑰精油）後，在覺得自己對世界無感、無創造力時，取出適量塗抹於下腹、胸口與喉部。

❷ 將雙手合十放在鼻尖位置，一邊嗅聞玫瑰香氣，一邊進行十個深呼吸。

❸ 想像骨盆區域被橘黃色的光芒照耀著，可以同時輕鬆地左右搖晃骨盆，將骨盆調整到更舒服的位置。

❹ 最後在香氣中輕聲對自己誦念八次：「創造。」

若有任何感受與念想，可取紙筆在儀式後記錄下來。

茉莉 Jasminum grandiflorum / Jasminum sambac

常見的茉莉香氣分為更成熟的大花茉莉（Jasminum grandiflorum），以及相對清新淡雅的小花茉莉（Jasminum sambac）。

大花茉莉香氣帶有豐沛身體動能，就像活力四射的印度寶萊塢舞蹈；小花茉莉則清新儒雅，更像煙花三月下揚州時，在江上輕舟啜飲的一口茉莉花茶。兩者香氣略有不同，療癒作用也有些許差異，若是能夠將兩者調和，做為「超級茉莉」使用，便能各取所長，是非常推薦的使用方式。

若說玫瑰是萬能的精油之王，**茉莉就是香氣界的解憂達人**。無論是情緒低落、沒來由的胸悶不適，甚至是骨盆區域能量過度耗損造成的產後憂鬱，茉莉的芬芳都能排解難以排解的糾結情緒，讓人從低落情緒谷底中翻身。

除了顯性的憂鬱情緒之外，茉莉香氣也特別能夠引動我們去觀照那些「莫名的鬱結」。例如，在有毒的關係中，個人魅力若被壓抑、貶低，甚至否定所累積的負面情緒，若不好好排解就可能成為情緒的未爆彈。茉莉香氣能夠優雅解開思想束縛，讓壓抑與壓力一口氣釋放，不被情緒暴力牽制，進一步看見自己的美好。

除了解憂與化鬱，**茉莉最重要的作用便是喚醒身體的感官知覺。尤其是在提振性慾、揮別性冷感，強化婦科機能方面效果極佳，搭配按摩手法能讓寒冷封閉的骨盆區域重新溫暖，可說是推翻草食時代的「生育率救星」**。

骨盆區域的再次活躍，象徵著「與世界連結」的好奇心也能重新被點燃。身心之所以無感的其中一個原因，便是好奇心被斬斷或被拒絕，沒辦法自在如跳棋般越過障礙，點對點繼續向外延伸。充滿動能的茉莉香氣能夠讓人打破自我規制，允許好奇心得以再次茁壯起來。

只要是昂貴的花香，都是調香師努力效仿的對象。因此，如同玫瑰，在挑選茉莉氣味時需要謹慎挑選，建議向專業、且信譽良好的供應商採購，才能讓茉莉香氣帶來的流動感更加深刻。

茉莉的香氣冥想：

❶ 將茉莉（可綜合搭配大花茉莉與小花茉莉）與荷荷巴油調和至百分之三的濃度（約為十毫升荷荷芭油中，加入六滴茉莉精油）後，在覺得鬱悶、憂煩且心緒沉重時，取適量塗抹於下腹與後腰區域。

❷ 再取一滴按摩油塗抹於眉心，並將雙手合十放在鼻尖位置，一邊嗅聞茉莉香氣，一邊進行十個深呼吸。

❸ 接著緩緩站起身來，保持穩定的呼吸節奏，並將雙手手掌放在肚臍下方的區域，感受這個區域的溫度。

❹ 最後在香氣中輕聲對自己誦念五次：「鬆開。」

結束後，也可播放帶有節奏的音樂，在茉莉香氣中輕鬆的擺動腰臀，舒緩骨盆區域的緊繃。

有感的按摩：下腹、骨盆與後腰

搭配香氣的徒手按摩當然療癒，但在按摩之前，我們可以先藉由幾個瑜伽姿勢，幫助自己伸展。

束角式

- 採背部直立坐姿，腳掌相對後將腳跟盡可能地拉近骨盆，雙膝盡量靠近地面，感受會陰周圍的肌群被伸展開來。
- 接著雙手手掌握住雙腳的腳掌，保持脊椎直立向前彎曲，跟隨呼吸韻律慢慢的感受到下背部與骨盆區的開展。

這個動作非常簡單，是大部分人都能安全進行的體式。請切記：頸部肌肉需保持放鬆，並在伸展的極限處就停止，避免過度用力造成傷害。

快樂嬰兒式

• 平躺在瑜伽墊上，接著雙腳併攏彎曲，膝蓋先往肚臍方向抬伸。
• 接著腳背彎起，腳掌朝天花板方向，雙手從外側腳掌抓著腳板固定住。
• 接著雙腿慢慢打開到比肩膀略寬的位置，感受到會陰部位的伸展與骨盆的開展後，在這個位置保持一段時間。

若想要加強伸展效果，可以透過雙手施加一點壓力，來讓骨盆附近的肌群更加拉伸。但仍建議評估自身狀況，切勿為了效果過度勉強，以免受傷。

當我們透過簡易的伸展練習，初步活絡骨盆區域循環後，我們就可以來進行骨盆區域按摩。

❶ 採坐姿或躺姿皆可，取十元硬幣大小按摩油於手心（可搭配玫瑰或茉莉香氣），在手心搓熱後，在下腹區域順時針畫十個圈。

❷ 把雙手以叉腰姿勢，放在骨盆上緣，以指尖輕柔抓捏腹股溝位置的肌肉十次。接著反手握著腰側（大拇指在身體前方，其餘四指在背部位置）進行次抓捏。

❸ 站立起身，雙手握拳，沿著脊椎兩側上下來回輕輕敲擊三十秒。

❹ 最後雙手輕輕的放在身體兩側，雙膝微蹲，輕鬆搖晃骨盆區域。

❺ 緩緩坐下，回到舒服的坐姿位置，以五到十個深呼吸作結。

CHAPTER

3

無我到有我

敢 做 自 己

我是誰？「做自己」是什麼意思？我可以做自己嗎？

自我檢核：

- □原地踏步、停滯感
- □因為原地踏步而焦慮，但又不敢踏出下一步
- □漫無目的、缺乏目標、不知道自己要的是什麼
- □覺得自己的人生都活在別人口中，「你應該」怎樣的情境裡

為無我找成因：給出承諾太沉重

二〇一八年，我（蘇）出版了人生的第一本書《練習不壓抑》。因為書籍出版的緣分，讓我能有很多的機會四處分享。每次演講時，都能與來自不同的背景、身分的聽眾們互動，從學生、研究生、企業員工到社區民眾，當時的我很享受這種互相激盪以及交流的感覺。

不過，書籍出版後，編輯也緊接著問我，有沒有關於下一本書的靈感？如果可以的話，再試著寫下一本書吧！除了感謝編輯的「激勵」之外，當時我腦袋其實沒什麼特別的靈感。因為第一本書比較聚焦於討論負面情緒，不然第二本書就來試著談談正向情緒吧！當時的我這麼想著。

儘管有大方向，但一直都不確定具體來說要寫些什麼。在某次洗澡時（感謝洗澡，真的是繆思女神最容易現身的時刻），我想說每次演講時，台下都有這麼多來自不同背景的聽眾，是否能透過這樣珍貴的機會，偷偷搜集一些素材呢？於是，我設計了一份超級簡單的不具名問卷，在每場演講結束之後，邀請聽眾和我分享他們的答案。

這份問卷只有一個開放題：「你心中認為的快樂是什麼？」

快樂調查告訴我的事

看到這個提問，你心中想到哪些答案呢？在暴雷大家的答案之前，我也希望你能先想一想、寫下自己的答案：

我在這邊和讀者分享幾個答案。

有聽眾分享的是：「和我愛的人與愛我的人在一起。」有人則說：「自己能走過想走的風景、與他人分享人事景物。」當然，也有非常務實的答案，好比：「睡到自然醒。」、「吃好多好多爭鮮。」或者更多這種讓我會心一笑的答案：「遠離智障長官。」、「默默觀察高馬尾小哥哥。」

在蒐集了上千筆回覆之後，各種繽紛且差異頗大的答案通通塞在試算表裡。不過或許題目太開放了，霎時我也不太確定可以怎麼分析這些答案。畢竟每個人要的快樂，就是這麼地多元、這麼地不同。快樂確實是一件極為主觀的感受。

就這樣，這份資料被我默默放置了一段時間。直到後來，我在網路上看到了一種分析文字質性資料的方式：文字雲。這種淺顯易懂的技術，可以幫助我們直接透過「視覺化」來呈現出手邊的文字資料中，字詞出現的頻率多寡，藉此看見某些洞見。在典型的文字雲中，你可以透過字體大小、配色等屬性，呈現出質性資料的重點。

我隨即把當時的快樂調查丟到可以進行文字雲技術的網站，按下「分析」，跑出了一

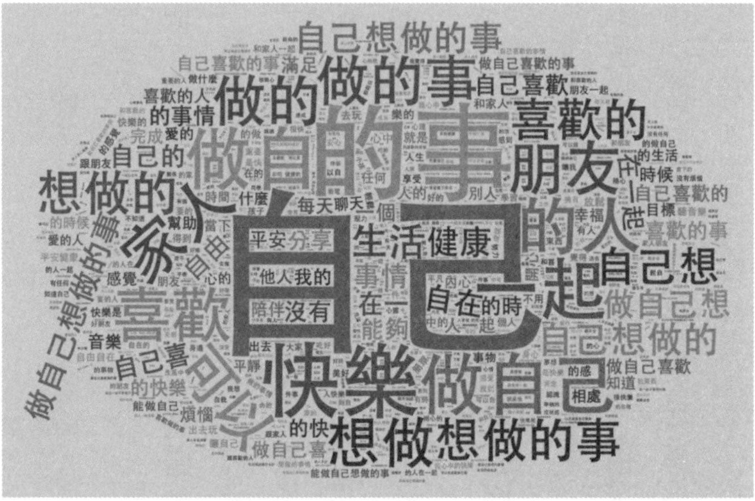

個十分有趣，也讓我意想不到的結果。（見上圖：文字雲）

「自己」。

發生什麼事？為什麼「自己」這兩個字那麼大？我帶著好奇心，重新回去細看當時大家的答案，到底哪邊出現了「自己」，而且出現這麼多次，以至於文字雲當中「自己」的比重佔得那麼大。原來，好多人的快樂，真的跟自己有關：

「開開心心的做自己」、「好好照顧自己」、「清楚檢視自己」、「做自己想做的事」、「讓自己成長」、「自己努力之後得到成果」、「接納自己」、「不再否定自己」、「愛自己」、「更了解自己」、「重新認識自己」、「擁抱自己的不完美」、「和自己好好相處」、「有勇氣正視自己的煩惱」、「對自己多點肯定」、「想要更懂自己一點」、「溫柔面對自己的人生」……

答案在「自己」身上

各式各樣與「自己」有關的描述，偷偷藏在不同聽眾的答案之中。只是過去在閱讀這些答案時，出現「自己」實在是太理所當然了，因此當時的我沒有特別發現。從小到大，相信讀者一定也在不少地方看到關於「做自己」這種人生建議。確實，如果真的能有一個地方、真的有那麼一天我們可以做自己，那會是多麼理想的人生。

不過，理想很豐滿，現實很骨感。要做自己還真不是一件容易的事。我們可能時常發現現在在過的日子，其實不是在「做自己」，而是演給別人看的版本。又或者你可能處在原地踏步的狀態，日子一天一天過，看似努力、也過得有點費力，卻發現自己並沒有朝向自己想去的方向前進。那種厚重、泥濘的停滯感，在你發現其他朋友好像都過得很有方向感，也活得很愜意的時候，對比之下更讓人備感壓力。總覺得自己應該快點找個地方起身前進，不管往哪裡去都好。

不過，想是這樣想，「沒有方向感的衝刺」則又是另一個讓人擔心的迷惘狀態。我得快點跑起來、振作起來、行動起來，在這種動力出現的時候，我們很容易「聽著別人的建議」而跑起來。

大人說，你應該好好念書，之後才能怎樣怎樣……網路名人說，你應該好好怎樣怎樣，之後就能跟我一樣這樣這樣……於是，在還沒有自己的想法與方向時，我們好好念書、好好的效法各種看似不錯的建議。長大的路上，我們就這樣一路聽著大人、前輩、專家……各種聲音，各種提醒我們在某些時候應該要怎麼怎麼做的聲音上路了。

我們確實前進了，走在一條名為「應該」的路上。我們在這條路上帶著迷惘與懷疑前進，不斷想著：「這真的是我要的嗎？」但是，貿然跳出這一條走得（不舒服地）很習慣的路，又感覺很可怕。擔心跳出去之後的路徑滿佈荊棘，或者又只是另一個可能讓自己後悔的決定。這種要走不走、不前不後的狀態，也常是心理萎靡的人容易感受到的矛盾情緒。也是在思考「要不要做自己」的路上，我們多半會出現的疑問。

左腦解方

在「做自己」之前，我們得先思考「自己＝X，那X＝？」

在做自己的難題中，我們到底可以怎麼做？在跟個案討論的過程中，我慢慢地發現，在還沒找到方向之前莽撞的出發，確實不是明智之舉。問題更根本的層面可能在於，我們總嚷嚷著做自己，卻沒有花時間想過：所謂的做自己，我們想做的是「怎樣的自己」？你是誰？你現在的狀態是什麼？你想做的自己會呈現出怎樣的狀態？

同時，所謂的：「自己＝X，X＝？」並不是個容易回答的問題。因為這個X，是不可以仰賴其他人給予的答案。也就是說，我們得要成為那位幫自己回答、幫自己定義X是什麼的人。這也同時意味著，我們得為這個自己定義出來的X負起責任：不管成果怎樣，我們都得概括承受；相較之下，如果我們直接接收別人對X給予的答案，如果成果不好，那至少我們還找到了一個可以指責與怪罪的對象。但是，當我們就是那位定義X是什麼的人時，如果結果不理想，我們會知道自己就是必須承擔的那個人。

所以，與其說我們「不能」做自己，更不妨這樣說：「我們『不太敢』做自己。」因為我們一旦決定這麼做，就表示我們得扛起定義自己的責任，並且願意去面對、去承擔從定義到實踐自己，這一段漫長的路上可能面對的挑戰。

在英文中，責任（responsibility）這個字可以拆成兩部分，分別是「回應」（response）與「能力」（ability）。扛起責任，表示我們擁有「回應」的「能力」；或者表示我們應該要去承擔、去訓練、去培養，讓自己長出這種回應的能力。

不管現狀如何，在我們決定要負責之後，我們就必須去練習讓自己擁有這種能力，這就是「做自己」的附加條件。說到這邊，做自己好像變成一個有點沉重的目標；難怪我們會有點抗拒去做自己，即便我們明知道這對自己來說，是個不錯的理想。

在此，我們不急著行動，先試著把「X」找出來就好。在社會心理學中有個很棒的工具，可以陪我們慢慢地把想成為的、那個理想中的「自己」找出來，稱為「自我差距理論」。

自我差距理論：你在哪裡、你想要去哪裡？

為了幫助本章後續的討論，這邊要請讀者拿起筆來，跟著下述引導，陪自己整理與記錄你對這些問題的想法。

如果要用幾個詞彙描述你近期的狀態，你會想到哪五個詞或句子？試著做一點記錄，回答時可以斟酌參考以下關鍵字：個性、特質、能力、擅長或不擅長的事。你可以重複使用這些引導句，答案不限五個。

【現實中的我是……】

❶ 我是……

❷ 我是……

❸ 我是……

❹ 我是……

❺ 我是……＿＿＿＿＿＿＿＿

在寫完剛剛的題目之後，緊接著想想看：你對於自己近期的狀態是否有一些不滿的地方；也許你會想到一些「你不想成為」的模樣，可以先針對這部分進行思考。如果某一個引導讓你出現超過一個以上的想法，你可以重複使用這個引導句，答案不限五個；同時你在過程中想到的其他答案，也都可以記下來。

【我不想成為這樣的大人……】

❶ 我不希望我……＿＿＿＿＿＿＿＿

❷ 我不希望我變得……＿＿＿＿＿＿＿＿

❸ 我不希望自己變得……＿＿＿＿＿＿＿＿

❹ 我很害怕有一天我……＿＿＿＿＿＿＿＿

❺ 我不敢想像如果我……＿＿＿＿＿＿＿＿

接著，在最理想的情況之下，你會希望自己有哪些轉變？你想成為什麼樣的人，擁有哪些特質或屬性呢？請參考以下引導句，往下接下去，誠實寫出你的想法。如果某一個引導讓你出現超過一個以上的想法，你可以重複使用這個引導句，答案不限五個；同時，你在過程中想到的其他答案也都可以記下來。

【理想中的我是……】

❶ 我希望我更……＿＿＿＿＿＿

❷ 我希望我能……＿＿＿＿＿＿

❸ 我希望我是……＿＿＿＿＿＿

❹ 我希望我可以……＿＿＿＿＿＿

❺ 我希望我變得……＿＿＿＿＿＿

【暫停一下：理想自我的微檢查】

針對你剛剛書寫的理想自我描述，進行以下的檢視：

❶這些答案，有多大程度真的是「我」對自己的期待？

你在書寫的過程中，有沒有隱約覺得這個答案之中，藏著一點點「應該」的感覺？（亦即，不是「我希望」，而是「我覺得我應該」……在自我差距理論中，這被稱為「應該我」或「應然我」）

❷這些答案，有多大程度是聚焦在「最近的」自己？

有時，我們在不同的階段，對自己會有不同的期待或理想。在此，我們不去討論「過去期待的自己」或者「太久遠之後未來的理想自己」，而是「接下來這三個月你所期待的自己」。如果你的答案離這三個月比較遠，可以試著調整看看。

聊一下「自我差距理論」

自我差距理論（Self-discrepancy theory）是哥倫比亞大學心理學教授愛德華．希金斯（Edward T. Higgins）提出的概念。這個理論認為，**一個人對自己的期望（理想的我）和實際狀態（現實的我）之間的差距，會對心理健康造成影響**。當一個人感覺現實的自己，和理想中的自己之間存在差距時，可能會感到失望、不滿足或憂鬱。當一個人感覺現實的自己，和別人期待的自己（應該的我，亦即我們認知中別人希望我們應該成為的樣子，簡稱為「應然我」）之間存在差距時，可能會感到焦慮或內疚。

在「做自己」的路上，我們會聚焦在「現實中的自己」與「理想中的自己」這兩個元素裡，而自我差距理論提醒了我們：如果此刻，「現實的自己」（現實我）與「理想中的自己」（理想我）差距很大的話，有幾點可以思考：

❶ 我對「現實的自己」（現實我）的認知，是否公正、清楚、客觀？

有時，我們可能會因為沒信心而低估、錯誤評估了自己的現實我。因此，你也可以找幾位比較懂你的朋友，請他們回饋他們眼中、他們心中所認識的你，是一個怎樣的人？有什麼優點與缺點。

❷ 當你發現現實我與理想我差距太大時，要做的事並不是直接放棄，你可以透過調整「理想我」來暫時讓差距不要這麼大。把靠近理想我的過程當作爬樓梯一樣，一次透過一點行動來慢慢靠近理想我，會比一步登天感覺更可行。（見下方圖）

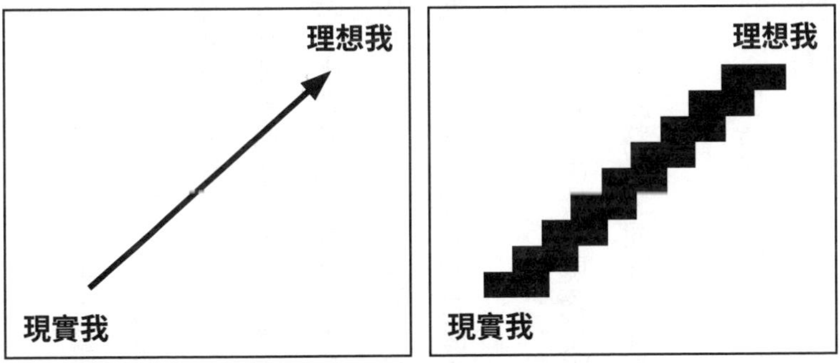

要一口氣從現在自己的樣子，搖身一變成為理想的自己，其中有難以橫越的落差（如左圖）。因此，務實的做法是右圖，透過一步步的小行動，讓自己慢慢成為、穩穩地靠近自己理想的模樣。

畫出地圖，一邊行動、一邊微調

「不妨想想跑步健將，他們不管狀態怎麼樣，總會每天鍛鍊，每天跑步，這個是他們的工作。他們不會每天一起床，就給自己定一個小目標——打破世界紀錄。他們只是按照自己的節奏完成當天的任務。也許三公里的路程，每一步都在抗拒，可是他們還是勉為其難地跑了。」

——《寫出我心：普通人如何通過寫作表達自己》，娜塔莉．戈德堡（Natalie Goldberg）

做自己＝「做」＋「自己」。對於「自己」我們有比較清楚的定義之後，接下來我們要試著把「做」加進來。為了能更靠近理想中的自己，我們可以如何把「自己」這個抽象的概念，變成一句包含動詞的行動呢？

以一個比較內向的人，希望理想中的自己可以更外向一點為例。我們會鼓勵這個人，把「更外向一點」變得更具體一點。要直接變得更外向，因為這個目標比較模糊，通常很難做到，在剛剛前頁的圖中，會給人像左邊圖的感覺。

你可以把理想的自己，透過這種方式定義的更清楚：「根據你的觀察，一個外向的人，具體來說，會做出哪些行為？」

透過簡單的腦力激盪，也許是：

❶在眾人面前，可以侃侃而談。
❷在需要對談的時候，能專注投入會談中。
❸能在人多的場合待著，而不會直接離開。
❹在面對人多的場合，是自在的。

定義出具體的「理想我」之後，我們可以安排走樓梯的順序，先從挑戰比較小的任務開始。在剛剛的例子中，第三點會是挑戰比較小的目標。我們可以先從這一點開始當作努力的方向。

挑選了適合現階段的具體目標之後，接下來往往會遇到一個難題是，我們未必有勇氣去嘗試這個目標。我們可能會一直想著：「等我準備好了，我再來採取行動。」但根據觀察，我們多半沒有所謂「準備好了」的那一天呢！

因此，我想鼓勵你，在「想」得差不多之後，直接採取第一個小行動吧！

英文有句俗諺說：「弄假直到成真。」（Fake It Til You Make It.）與我們這邊要做的事很類似，請你「弄『想』成真」，把理想的樣貌「展演」出來，去觀察「演出來」之後的感覺，然後逐步微調。這樣做，會比一直想、一直想，想到覺得自己真的準備好了再行動好得多。

這個概念稱為「行為活化」。在人類思考系統中，我們「所思」（思考）、「所感」（情緒）、「所為」（行動），三者之間會互相影響。因此，要改變你的思考方式（如：對自己的看法），除了「直接自我說服」之外，還可以透過「間接改變你的感受」，或者直接改變你的行為，來達到思考的改變。

以諮商情境為例，在典型的行為活化療程中，心理師會與個案一起合作，把個案一整天的行程列出來，特別是去觀察，個案一天的行程中，有沒有哪些行為其實是會默默造成個案情緒低落或消極？當這些消極的行為一多，我們的思考也會變得比較消極。

然後，我們會一起安排一個「行為計畫」，透過刻意的小行動，在未必有感覺的時候，練習把對自己來說具積極性、有意義的活動加入生活中——不管活動再小，都沒關係。目的是希望透過具體行動，直接改變自身的感受與想法。所以，請記得，在「做」自己的路上，「做」真的滿重要的。最能夠直接改變我們「感覺」的方法，不是一直去調整、改變、忽視或壓抑你內心的想法，而是透過直接的行動。

不管你在「做」的時候，心中是否持續想著：「我做不到」、「這太可怕了」。但也唯有在行動之後，你才會發現：

結果一：「咦！我做到了。搞什麼，原來沒想像中可怕或困難嘛！」

結果二：「唉呀！我沒做到。但也因為我做過了，我才更具體知道我現在做不到的原因，可能是因為缺乏哪些技巧。於是，我又找到了一個可以努力的方向。等我把這個技巧學起來之後，我可以再來試試看。」

定義完「自己」之後，難題才要出現

清楚界定了「現實我」、「理想我」與不小心混在裡面的「應然我」之後，並不是就世界太平了。因為你還得去「做」、跨出第一步，才能逐漸靠近理想的自己。

在這邊，我想進一步提醒的是，「做」的過程中，你感受到的未必總是快樂。奇怪，先前不是說，很多人心中認為的快樂，就是做自己嗎？那我們怎麼會在做自己的路上，不總是能感到快樂呢？

在做自己的路上，我們會需要跨出自己的舒適圈。因此，偶爾你會恐懼、會焦慮，都是很自然的。為了靠近理想中的自己，我們得做出取捨。放下某些，於是我們才能得到某些。放下習慣帶來的安全感，我們才能拿到出航的入場券，而且是一張充滿不確定性的入場券——畢竟，誰知道嘗試之後的結果是什麼呢？

但「風險」與「機會」總是共存的，我們都聽過「不入虎穴，焉得虎子」。每一趟冒險中最有趣、也讓人印象最深刻的，往往不是「完成冒險，挖到寶藏」的那一刻，而是旅程中的每一個意外與驚喜，以及探索新發現之後得到的那種「啊哈」。

在書寫本章時，我想起以前國中時讀過孔子的一段話：「吾十有五而志於學，三十而立，四十而不惑，五十而知天命，六十而耳順，七十而從心所欲，不踰矩。」當中的「從心所欲」，指的是想怎麼生活、就怎麼生活，或許非常接近這一章所討論到的「做自己」的境界。

不過，跟在從心所欲後面的「不踰矩」這三個字，或許更值得考究。「矩」，意指規矩、法規、規範。也就是說，在你從心所欲的同時，你知道這樣的生活，是不會違背規矩、法規、規範的。乍看之下，我們很容易把「矩」的來源往外放，解讀為「世上的規矩或法律」。但在這邊，我想提出另一種解讀的方式，這種規矩，不是外人給自己的，而是自己給自己的。

為了「成為理想中的自己」，我們願意自己給自己一些「矩」，而且知道這樣的規定或規則，是在成為自己的路上，所必須承受的辛苦。因為知道，所以願意接納。接納這樣的限制，接納成為自己的這條路上，我們必須經歷的某些辛苦。

我常和個案說，不管你想不想做自己，你都會是辛苦的。只是「做自己」有做自己辛苦的地方；而「不做自己」、「努力成為他人眼中期待的自己」，則有另一種辛苦，我們得從這兩種辛苦中做出選擇。

自我接納之必要：所謂的理想，也可以不那麼理想

「也許看天空就是我的火花，或是走路這件事，我真的很會走路。」

——電影《靈魂急轉彎》

在左腦解方結束之前，還有另一部分想提醒讀者。

有人可能會問：「如果我的理想我，放在世俗的眼光中不那麼理想，這樣可以嗎？」其實這個擔心就是我們在「暫停一下：理想自我的微檢查」這部分想提醒大家的。許多人習慣把理想的自己放在「應該」、放在「社會世俗」的角度來思考，那麼我們想像出來的理想，其實不是自己真正的理想。但在長大必經的「社會化」過程中，這種不斷往外確認、與他人比較的習慣，其實已經在許多人的心中內化了。

也許有人心中理想的自己，就是成為一個（世俗眼中的）平凡人，安安穩穩過生活，享受下班的時光、享受家人的陪伴，沒有想要闖蕩出什麼世俗所謂的「成功」。請記得，

只要這種理想是你真心所嚮往的，就是很棒的理想。

當你發現自己內心蠢蠢欲動的「比較習慣」在作祟，開始隱約陷入「別人會怎麼看我」而感到焦慮時，前一章提到的接納、暴露的練習，將更有助於你去安撫、去照顧那些感受。

另一個提醒是，有些人在定義理想我時，會把自己給自己的「理想我」難度設定得太高，甚至到了不具人性的狀態。好比，你在理想我的描述如果是：「我希望我是完美的」、「我希望我不會感到難過與脆弱」、「理想的我，是沒有感覺的」。在接納與承諾治療中，這些希望自己沒有感覺、不會有負面感受的目標，被稱為「死人才能做到的目標」（dead person's goals），這類目標的最大特色就是很不人性，也不可能做到。

要怎麼知道你的理想我是否太過理想或不具人性呢？不妨找幾位和你親近的朋友或你的伴侶，與他們分享你心中理想的自己，並且問問他們這個方向是否太沒有彈性、不可能達到，反而會讓你變成木頭人或機器人呢？

接著，讓我們來看看，在做自己的路上，有哪些值得參考的右腦解方。特別是延續剛剛提到的行為活化，如果你還是不太有勁，你可以怎麼做？如果你在做自己的時候，內心的理想我和應該我一直在打架，又該怎麼做？

右腦解方

「做自己」要顧消化

成為芳療講師以來，我已經非常習慣現場的個案或課程的學員，帶著各種五花八門的身心症候上門以尋求香氣的幫助。通常這些症狀存在的時間已經很長，也對當事人的生活造成很大的影響，所以必須要完整地梳理生活中的方方面面，包含：飲食、生活型態、作息、家族史、疾病史……等訊息，才能夠抓準解決問題的突破口。

在經過前期仔細的討論與評估之後，大部分的問題都能理出一些頭緒，這時再配合規律使用精油與生活型態的調整，只要出現些許的突破或進展，都會很大程度地改善當事人的生活品質，使用精油後的「滿意值」也會很高。

但有一個部位的問題經常被個案忽略，尤其在做個人生活疾病史或生活型態的討論時，常常會被當事人「技巧性」地遺忘，但這個部位的機能又經常是許多問題的根本。當我把這個觀察帶回課堂上，請學員猜猜看是什麼問題時，也常常得不到正確解答。得要等到生殖泌尿道、呼吸、肌肉關節等答案都被刪去過後，「消化系統」這四個字才真正呼之欲出。

在身心相繫的觀點中，消化系統與「自我議題」緊密地連結在一起。畢竟消化系統的基本功能就是去蕪存菁，必須轉化真正的養分讓自己持續成長，同時排除代謝那些不再需要的渣滓，才能算是完整的消化歷程。

如果把消化的過程概念化，並放到生活當中，我們可以把所謂的消化分成兩個階段：

價值判斷：決定眼前的人事物對自己是有益？還是有害？我應該要將其納入我的價值體系中？或者選擇與之站在對立面？

吸收與排除：我該如何讓我的信念在我的生活中實踐？是全部實踐？還是部分實踐？那些不適合我的想法與價值觀，又該如何降低其影響呢？

把消化的兩個階段，對應到本章節前半段蘇所寫的「自我價值理論」，會發現身體的消化機能，其實是建立自我的一個過程。英文俗諺有句：「You are what you eat.」說的便是我們在飲食上做出的選擇，會在後天形塑我們的健康，甚至可以影響我們身心的整體狀態。而在生活的其他面向上，我們如何選擇、消化，並且接受或不接受哪些觀點、資訊，價值觀，也會很大程度的改變「自我」的模樣。

做自己的代價「在腸胃」

上述的消化過程固然邏輯清晰，但要落實到日常生活中卻不太實際。畢竟兩個階段之間充滿了各種容易卡關的「地雷」——理想的狀況下，我們應該要有能力明辨是非、分辨好壞，但生活中充滿了愛情與麵包、工作與健康、理想與現實……等抉擇，雖然上述的情境不全然都是零和的遊戲，但是如何權衡利弊並做出選擇，往往已經是令當事人進退兩難的壓力。

更不用說，生活中更多的場景其實是「無從選擇」。我在進行個案諮詢時，會特別注意對話中的「臨停」，意思是那些沒有講完便嘎然而止的句子，基本句型往往是：

「其實我也希望可以改變，但是……」

「我其實很想這麼做，不過……」

很多個案這時候會自嘲意志不堅，我卻會盡可能鼓勵他們把刪節號省略的那句話講完。因為那些沒說出口的，通常都是代價。

每一個打破現狀的行為，都會有相應的成本，而要成為理想中的自己，是有代價的。做自己，可能會失去一份工作、斷開一段感情，必須承受父母失望的眼神，甚至可能會打破過去透過忍氣吞身而建構起來的生活。代價太大了，所以我們選擇不去建立邊界，不去做那個「理想的自己」，只因為不想承擔代價。

選擇當然不一定有好壞之分，但任何一個選擇都會有它的代價。如果個案長期在情緒上忍氣吞聲，我們也容易觀察到他的消化系統上，會發生一些看似不痛不癢、卻糾纏不清的問題。輕則脹氣或胃食道逆流，重則是會發生潰瘍、出血，甚至是更嚴重的其他症狀。因此，我們通常會把腸胃，稱之為自我議題的「代償部位」。

所謂「代償」，本來指稱的是在使用肌肉或者是進行運動的過程中，若是肌肉關節沒有正確歸位發力，就會由其他部位「多出一份力」來完成任務。許多的疼痛都跟代償作用有關，若是用頭痛醫頭、腳痛醫腳的邏輯來對治，恐怕很難找到真正的病因。

肯園的溫佑君老師曾經提過慢性的腸胃道問題，其實是「好人生的病」。這些人通常聰明絕頂、才能出眾，貌似具備了全方位的技能，能夠以一代眾。但正因為他們能力過人，承擔的壓力比別人更重，而真的要放下一切、撒手不管的代價又如此龐大，所以好人習慣撐著、壓抑著，看起來或許輕鬆愜意，受苦的卻是失去邊界感而沒辦法真實形塑出「自我」的腸胃。

我們當然都希望自己思緒清晰、凡事理性分析，時刻做出最能夠誠實面對自己的選擇。但實際的情況是身心運作經常不同步，腦內理性與感性的小天使各執一詞，因此也不容易找到最有力量、且最能實踐理想中的自己（請見左腦解方）的路徑。

而在這種腦袋已經想做自己，但身體還無力跟上的時刻，我們就可以透過照顧自己的腸胃，來提供一些助力。

腸胃是第二個大腦——腸腦軸線的魔法

正因為身心相繫，在心思混亂且無法發展自我的時刻，好好照顧自己的腸胃與消化系統準沒錯。而腸胃系統當中，確實也藏有讓人幸福快樂的魔法，那便是腸腦軸線。

二〇一九年，我和同事飛往澳洲參加一場芳香療法的研討會，每個講者的主題雖然不同，但基本上集中探討三個方向：

β－丁香油烴：芳香療法當中非常重要的一種芳香分子，氣味上面雖然存在感不強，但消炎效果非常好，能夠幫助穩定神經系統，減少慢性發炎的問題，特別能夠調節大腦與腸胃的發炎。

CBD：大麻二酚，是大麻萃取物之一。相比大麻中主要的精神活性物質THC（四氫大麻酚）來說，更不具成癮性，卻具備非常好的消炎效果，能夠調節焦慮、舒緩疼痛，甚至可以平衡其他物質帶來的成癮問題，主要的受體在大腦與腸道。

腸道益生菌相：健康的腸道益生菌叢，過去認為只針對消化機能有幫助，但許多研究都指出，好的益生菌相，對於情緒也有很大助益。

上面這幾個標題看起來相當龐大、複雜，但化繁為簡後，即可抓出三組關鍵字：消炎、照顧腦神經，以及腸胃養護。這三種作用看似各自為政，但其實都可以用前面提到的「腸腦軸線」來統整在一起。

「腸腦軸線」指的便是我們的大腦與腸道運作之間，有著非常緊密的「雙向互動」。腸胃的運動效率，由大腦的交感與副交感神經決定。比如，上台報告時的緊張與壓力大，覺得自我沒有餘裕充分舒展開來的時候，食慾自然就會降低，這是以大腦為指揮中心的思維很容易推導出來的運作模式。

論神經細胞的數量，大腦當然排行第一，但可能令許多人意想不到的是，功能看似單純的腸胃神經系統，其神經細胞數量的排名可是榮登亞軍。因此，要把腸胃稱為人的第二個大腦也不為過。後來科學家也發現，腸胃的健康與否，也會反向影響大腦的運作。

比如：腸胃發炎。過去的醫學可能會把它視為腸胃系統所發生的單一事件，但科學家也觀察到，在發炎性腸道疾病的患者群中，有四成會發展出精神疾病，其中也包含探討大眾心理健康時，經常會關注的憂鬱與焦慮問題。

因此，當我們在討論情緒、大腦運作，甚至是拉回到本章節主題「自我」時，是時候把腸胃系統與腸道菌叢納入考量，讓第二顆大腦的健康也受到足夠的關注，才能在幫助大腦做好建立自我的準備時，也有足夠的身體行動力執行。

調整自我的閘門：腹部

如果你跟著左腦解方定義出了「理想我」，卻發現想像很豐滿，現實很骨感，在還沒展開計畫前就感受到危機四伏、困難重重，甚至缺乏關鍵行動力，那該怎麼辦呢？

這時候別忘了你的身上就有個增加「消化」機能的開關，那就是我們的「腹部」。「腹部按摩」是緊張的現代人必須多多演練的「日課」。

一方面促進消化機能，另一方面也能舒緩大多數被吞忍下來的情緒。如果你經常覺得自己：「身不由己」、「無可奈何」，卻又沒有辦法立刻改變生活模式或工作環境時，更適合透過按摩觀測自己的腹部區域是否特別緊繃，並搭配本章節介紹的按摩手法、香氣，以及相應的呼吸練習，來強化腹部能量的健康。

無我到有我的香氣

檸檬（Citrus limonum）

柑橘類果皮的香氣，大多數的使用者都能欣然接受，每天應用起來也不太容易心生抗拒，是芳療新手走過路過不能錯過的香氣選擇。而在眾多清新柑橘香氣當中，檸檬可說是最容易和「料理」搭配在一起的氣味。

在各式各樣的香氣中，如果具備香料作用，通常呼應著讓人生活過得「有滋有味、不無聊」的特性。而氣味清香怡人的檸檬果皮，因讓人不禁流口水的酸味，經常被應用在各系菜餚之中，也是平衡「自我議題」的重點芬芳。無論是較為甜美的黃檸檬，或是帶有更多清新特質的綠檸檬，都能夠幫助糾結心靈鬆開自我箝制，可說是最能去油解膩、增加「人生況味」的柑橘類香氣。

所謂的去油解膩，便是「除去黏膩與反覆」，讓人有機會從沉重的情境中跳脫出來。

比如，容易深陷於渣男、渣女的迷魂陣中無法自拔的戀愛腦，就很適合使用檸檬香氣來「驅邪解煞」，解除心理遊戲的制約，讓人恢復清明冷靜的理性眼光。

在生理上，貫徹去油解膩作用的檸檬，也是**體態管理與調控肌膚出油的好幫手**。無論是緊實肌膚、促進代謝，或者是調理油性肌膚問題，檸檬都能以香氣點化各種膠著，改善身心的黏膩與滯留，讓人活出日系廣告中青春無限的透明清爽感。

檸檬的清爽感也展現在「促進消化」的功能上。檸檬氣味能夠調理食慾不振與消化機能不良問題，也是非常經典的養肝精油，能夠同時在暴食情境導致的營養過剩，以及偏食造成的營養不均衡情境中發揮平衡作用。

在情緒層面上，檸檬也能夠幫助我們「揮別過往負面創傷記憶」，「逃離情緒的五指山與緊箍咒」。若是在特定情境中，感受到沒有辦法放心做自己的情緒壓力，建議隨身攜帶或擴香檸檬精油，在嗅聞的同時幫助自己跳脫情緒魔障，專注於眼前的目標，避免因焦慮或恐懼而躊躇不前。

不過，充滿陽光能量的檸檬精油因帶有光敏性，若使用後照射陽光，肌膚容易紅腫不適，也容易造成黑色素沉澱。因此，健康肌膚在使用檸檬精油（經過稀釋）的四小時內，須避免陽光直接曝晒，肌膚敏感者也須降低濃度使用，並在使用後的十二小時內避免陽光直晒，以免被檸檬的活潑熱情給「晒傷」。

此外，過去有些個案在使用柑橘類果皮的香氣時，會特別容易感到「亢奮」，因此建議避免在「睡前的兩個小時內」使用，以確保檸檬芬芳不會成為思緒加速器，影響到你的睡眠品質。

檸檬的香氣冥想：

❶ 取出檸檬精油，在需要提起勁來採取行動的時候擴香，或直接嗅聞瓶口香氣。

❷ 採舒服坐姿，雙腳盤坐或踩在地面上，一邊嗅聞檸檬香氣，一邊將手掌放置在腹部位置（單手或雙手），想像腹部有個金黃色的球體，發出溫暖的光。

❸ 慢慢調整呼吸，感受金黃光球隨著檸檬香氣逐漸飽滿擴張，最後將整個人包圍起來，持續至少五分鐘。

❹ 最後隨著呼吸，慢慢將光球縮小回腹部位置。

若有任何的感受或念想，可在儀式後取紙筆記錄下來。

黑胡椒（Piper nigrum）

在餐飲中經常使用的黑胡椒，在西元前五世紀傳入歐洲後，便開始進入料理與藥典中。當時由於貿易不暢，黑胡椒的價值直逼黃金，甚至在西元四〇八年西哥德王國包圍羅馬城時，便以三千磅胡椒作為停戰條件之一，可見當時的黑胡椒多麼珍貴。

曾經被貴族用來「炫富」的黑胡椒，如今已成了家家戶戶隨手可得的調味佐料，其精油也可被歸類於便宜大碗的類目，非常適合精油新手無痛選購。而黑胡椒精油最主要的功效，則可從他「香料之王」的身分略知一二。

首先是添增「辛辣」風味。在辣椒被發現之前，胡椒是在餐飲中增加辛辣口感的重點香料之一。尤其是在食物保存不易的年代，無論是烘乾、煙燻，還是透過食鹽保存的食材，只要加入一點胡椒烘托，就能為單調口味帶來多樣化的層次。

黑胡椒精油濃縮了胡椒子的辛辣感，雖然並不會過於刺激皮膚，卻能帶動血液循環，幫助身體更快速調動資源修護，因此非常適合在運動前後按摩使用，也能夠**以其火熱特**

質，對治身體因寒氣入侵而出現的畏寒、腹瀉，或手腳冰冷等問題。

在情緒層面上，黑胡椒也能夠藉由溫暖氣息，讓人脫離「心累」與「心寒」。特別是長期戴上社交面具後，變得沒有辦法展露自己的真心時，黑胡椒能夠喚醒內在的「辣」屬性——無論你想奮發向上、積極進取，或是決定偷懶取巧、悠閒度日，黑胡椒都能增厚臉皮，讓你不必活在他人眼光裡，勇敢做個及時行樂的派大星。

而在千篇一律的生活中，黑胡椒也能成為情緒調味劑，幫助你發揮絕佳的創造力，在看似單調無聊的生活中騰出「想像空間」，在做自己的過程中避免自我設限，生命的其他可能性才得以開展。

第一次使用黑胡椒精油時，可能會不小心調動出台灣夜市牛排的熱騰騰印象，讓芳療新手們退避三舍。若是擔心自己聞起來太有七分熟牛排加鐵板麵的風情，可再加入其他香料類或柑橘類精油調香，便可以平衡黑胡椒獨有的氣味。

黑胡椒的香氣冥想：

❶在十毫升的植物油（荷荷芭油或橄欖油）當中，加入十滴黑胡椒精油，充分稀釋後備用。

❷每晚於睡前兩小時，取三～五滴調和後的按摩油塗抹於腹部與後腰部位。

❸接著將雙手放在肚臍上下兩側，先進行十個深呼吸，感受腹部隨呼吸起伏，接著雙手沿著身體正面中軸緩緩向上移動至喉嚨部位，再沿身體中軸回到下腹部，保持呼吸節奏反覆進行六個循環。

❹最後雙手手掌回到肚臍上下兩側，先進行三個深呼吸後，誦念六次：「自己。」並感受腹部隨呼吸不斷起伏。

準備好之後慢慢睜開眼睛，並簡單以紙筆書寫，記錄一下自己的感受。

有我的按摩：腹腔按摩

腹腔按摩非常容易操作，只要於平躺時以肚臍為圓心，雙手施力轉圈按壓，就能夠有非常好的腹部減壓效果。然而，旋轉的「方向性」卻因生理結構，而有身心效果的差異性，一般來說可以分為「順時針」以及「逆時針」兩種方向：

順時針：強化消化機能，在覺得自己積食、便祕、消化不良，或者是情緒阻塞、僵固，意識到自己正在「忍氣吞聲」的時刻，可採用順時針方向進行以下按摩。

逆時針：安撫過度快速的消化能量，在腹瀉、糞便不成形，或者是排便次數過多時使用，或者是意識到自己的自我過度張揚時（如開始出現傲慢、輕視他人的狀況），可採用逆時針按摩。

腹腔按摩法：

❶ 在決定方向之後，就可以取出前面提到的檸檬與黑胡椒精油各五滴，加入十毫升的植物油中（荷荷芭油或橄欖油），進行腹部按摩。

❷ 按摩時觀察自己的呼吸節奏，在吐氣時下壓腹部，吸氣時放鬆手部力道。

❸ 由最靠近肚臍的肌膚部位開始，每次下壓時視需求緩慢轉圈，隨著每次呼吸擴大按摩範圍，最大可擴至肋骨下方與骨盆上方。結束後再從肚臍開始，反覆進行三～五個循環。

按摩過程中若觀察到有任何區域特別緊繃，可以用手掌或者手指並排加強按壓。維持略有痠感、但沒有痛感的深度即可。

CHAPTER

4

無意到有意

敢脆弱

我願意讓別人「走入」我的人生嗎？

自我檢核：

- □常常覺得自己不夠好
- □害怕受傷，所以不再試著與他人建立連結
- □只要有事情會讓自己看起來很脆弱、很傻，寧可不去做
- □非常害怕「被拒絕」

為無意找成因：萎靡之下的憂鬱三角

在我們感到萎靡時，人際連結是很重要的。透過其他人的陪伴、同理，我們往往更容易覺察到自己的狀態。也可能因為他人鼓勵，比較有機會再找回力氣；更可能因為他人的同在，一起做點不一樣的事，進而讓低落的狀態有機會開始改變。

不過可惜的是，心理萎靡的狀態，會讓我們做出對自己比較沒幫助的行動：萎靡的時候，我們會更想把自己關起來。我們更容易感到自我懷疑，也擔心、害怕別人會如何看待現在的自己（多半是負面的猜測）。久而久之，我們就更不容易跨出連結的第一步。表面上看起來，好像可以說自己更習慣獨處了，但實情則是我們可能慢慢失去了與人連結的能力。從「不想」到「不會」，從「不會」到「不敢」，形成惡性循環。

在萎靡的狀態下，我們的感受有時會很憂鬱（雖然未必嚴重到符合憂鬱症的診斷）。研究憂鬱多年的心理學學者亞倫・貝克（Aaron Temkin Beck）很早就發現，憂鬱情緒會影響到一個人對三個向度的看法與觀點。分別是：

自己：用負面的方式看自己，好比覺得自己是個沒用的人。
世界：用消極的方式看世界，把「沒有人會幫我」當作事實。
未來：用悲觀的方式看未來，認為反正一切只會愈來愈糟。

沒用的自己、消極的世界、悲觀的未來，這彷彿戴上墨鏡的視角，貝克稱之為「憂鬱認知三角」（negative triad）。可怕的是，這種負面、消極的認知，往往是不知不覺中慢慢出現，讓當事人覺得「自然而然」、「理所當然」，所以更不會去懷疑這種看事情的角度。

因此，心理萎靡狀態讓我們很容易形成對自己的負面認知，覺得自己很糟糕、不夠好。與此同時，我們會帶著這種對自己如此負面的理解去面對世界、面對周遭他人。很多時候，因為擔心這樣不好的自己可能不會被接納、理解或認同，我們在嘗試社交之前，就選擇「自己先放棄了」社交。

或者在努力跨出去嘗試社交時，只要任何可能讓我們「不好的一面」露出來的時刻，我們都會努力避免讓它發生。所以我們不再搭訕喜歡的人（這可能會讓自己看起來很糗）、不再與熟悉的朋友說內心的話（這會讓自己看起來很「懦弱」、很沒用、很脆弱）……

拒絕敏感度

在心理學中，拒絕敏感度（rejection sensitivity）的概念，可以幫助我們深入理解這種在人際上的狀態。

在人際互動中被拒絕，是多數人都會覺得不舒服的經驗。不過，在某些情況下，有些人會對這種經驗更敏感、更容易放大被拒絕的線索，並且出現過度恐懼，這種人的拒絕敏感度是比較高的。而為了不讓自己有機會感受到這種不舒服，最合理的做法，似乎就是避免讓自己處於所有的人際關係之中。

研究發現，拒絕敏感度比較高的人，比較容易將中性或一點點負面的社交線索，視為非常糟糕、非常負面的情境。好比，朋友在路上看到你，但沒有特別跟你打招呼；或者你的伴侶沒有立即回覆簡訊等，對拒絕敏感度比較高的人來說，可能都會帶來強烈的情緒。

雖然這些情況多少讓人感到疑惑、猜疑。不過，在心理萎靡的時候，我們更容易做出過度負面的解讀。在未經查證的情況下（心理萎靡也讓你沒力氣查證了），直接把「朋友沒打招呼」視為「他不喜歡我了」。讓事情更糟的是，你因為在心中相信了這個事實，所以下次你遇到朋友時，你帶著這個「信念」去跟朋友互動。結果，你眼神中帶著敵意，當時只是沒看到你的朋友，在這次互動時感受到你的敵意，心中覺得：「是怎樣，我又沒有幹嘛。」於是決定不特別跟你互動。你在看到對方「沒有互動」時，又更加相信他就是不把你當朋友了。

又或者，你在未經查證的情況下，直接把伴侶「沒有立即回覆訊息」的行為理解為：「她可能在亂來。」於是，你奪命連環扣，反而讓正忙於工作的對方感到莫名其妙，因而開始生氣。你好不容易接到電話之後，聽到對方發脾氣，於是又默默把對方的情緒當作「她真的在亂來」的證據，兩人就開始大吵起來。

這類人際互動腳本被稱為「自我實現預言」（self-fulfilling prophecy）。我們沒有發現，其實讓我們心中最不希望發生的事情發生的人，就是我們自己。正因為一開始未經查證的「預言、預測」，我們下意識帶著這樣的預測參與了後續的人際互動，而這些預測有意、無意的影響了我們的行為，進而促成我們的預言成真。在預言成真時，你就會更加相信你自己本來的預言。

除了對於「被拒絕」比較高度敏感之外，研究者也發現了一些拒絕敏感度較高者容易出現的特質。這些特質包含：

❶容易將中性的社交線索做負面解讀。在這種「預判」之下，容易因此對其他人的反應作出憤怒或敵意的回應（即便對方未必是心懷惡意）。又或者，容易採取「先發制人」的策略，與其讓別人拒絕，倒不如不要社交，就不用擔心被拒絕了。

❷多半對自己要求較高，心中認為「如果自己夠好、夠完美，就不會被拒絕了」。但在真實的人際關係中，其實「完美」未必是加分的。

❸容易感受到罪惡、內疚、羞恥情緒。原因與上述狀況有關，當我們覺得自己不夠好、又搞砸什麼的時候，這些情緒就很容易出現了。

❹容易將「自尊」（自己夠不夠好）的判斷交給別人。也就是說，他們很容易用人際互動時，別人對待自己的方式來「判斷自己是否夠好、夠有價值」，但他們卻沒意識到，自己在人際互動的時候，很常是帶著消極、負面的角度去詮釋一切，這形成了惡性循環：

接收到他人回應↓用消極方式接收人際訊息↓覺得自己被拒絕↓覺得一定是因為

自己不夠好↓用負面的方式回應對方↓誘發對方以負面的方式回應↓覺得自己糟透了。

接著，讓我們試著從這些現象與成因往下延伸，看看有哪些解方可以幫助我們改善這種狀況。

左腦解方

自尊vs.他尊：擴大他尊資料庫

剛剛提到，拒絕敏感度高者容易把「自尊」，也就是自己如何看待自己的判斷，都交給別人，用別人對自己的反應，來理解自己是否有價值。因此，在左腦解方的一開始，我們或許可先思考一下，在你的想法中，一個人的「自我價值」有多少部分是建立在：

「自己對自己的看法。」（自尊，self-esteem）

「他人對自己的看法。」（他尊，這是我自創的名詞）

「你如何去理解『他人對自己的看法』。」

事實上，這三者是密不可分的。但值得留意的是，我們所取得關於「他人對自己的看法」這部分的資訊，多半是「不完整」，時常更是有偏誤的（但我們未必知道）。

先前提到，我們萎靡感受很強烈時，很容易在看事情的時候往負面去鑽，甚至主動忽視了當中比較正向的訊息，把那些自己表現不錯的經驗忘得一乾二淨。同時，對於「他人對自己的看法」，我們多半也不容易「取得」。只能用自己的方式，努力從他人的反應當中去「臆測」。在萎靡的情況中，我們的臆測是否準確，又是另一個大問題了。

此外，在某些情況下，有些人會很樂於給我們回饋，和我們分享：「他們眼中的『我自己』。」

這種情境需要思考的問題是：

這些願意給我們回饋的人，他們是依據怎樣的訊息，形成了對我們的看法？他們取得的資訊、他們認識的我，夠完整、客觀嗎？即便他們很樂於回饋，他們在形成回饋、分享回饋的過程中，是否也容易因為每個人難以擺脫的主觀性，使得他們分享給我們的回饋並不那麼客觀？

講了這麼多，在這邊想提醒讀者的是，關於人們對自己的看法，勢必有一部分會來自於別人的回饋（他尊）。但務必留意，別人的回饋總是帶有各種因素干擾，不適合做為我們看待自己、形成對自我價值判斷的「唯一參考」。

在諮商現場，我們會做一個「擴大他尊資料庫」的練習。這個練習的用意是提醒個案，不要只依據某幾個人在某些場合對你的回饋，就讓你對自己的看法「定型」。

在「擴大他尊資料庫」的練習中，你可以逐步透過下一頁的提問表格，擴大自己對自己的認識。

引導思考題	下一步反思	更下一步反思
早餐店老闆 會怎麼形容你？	哪些你同意？ 哪些你不同意？	你是如何做出「同意」或「不同意」判斷的？
你最好的朋友 會怎麼形容你？	在你們最要好的時候，他會怎麼說？ 在你們大吵一架的時候，他會怎麼說？	即便是同一個人，當換了情境之後，你的「他尊」會受影響而改變嗎？
你的主管 會怎麼形容你？	在他心情很好的時候，他會怎麼說？ 在他最近狀況很糟、心情很差的時候，他會怎麼說？	換了一個人、也換了情境，你的「他尊」會受人與情境的影響而改變嗎？
你自己 會如何形容自己？	在你剛剛完成一些大挑戰，而且表現的不錯時，你會怎麼形容自己？ 在你最近心情低落、十分萎靡的時候，你會怎麼形容自己？	在不同情境下，你的自尊一致嗎？ 你有發現自己定義自尊的來源，是仰賴比較正向的情境？還是負面的？

在上面這麼多種「自己」被定義的時候，你有沒有意識到：

❶ 原來自己存在著這麼多種的樣貌？

❷ 其他人的自身狀態是這麼容易影響到他們眼中看到的你？進而影響到你看待自己的方式？

❸ 你是否「更傾向於」選擇某些答案來定義自己？

❹ 你是否容易有意無意地忽略某些人給的回饋？

在討論的最後，我會跟個案說，在統計學的觀點中，樣本數愈大的情況下，我們形成的推論往往比較具有參考價值。當樣本數太小時，就算只有一個比較的「失真」的資料在裡面，也會影響到我們的推論。

所以，思考看看：

❶ 當我們逐漸把這些各種答案、好好壞壞地全部平均起來，那個版本的自己和你原本認為的自己，有一樣嗎？

❷ 哪一個答案可能更接近於你自己真實的樣子？

擴大自尊資料庫

上一篇我們提到了「自尊」與「他尊」。諮商時，我常問個案一個問題：「為什麼自尊叫做『自尊』（self-esteem），而不叫『他尊』？」

有一個人，就是那位每天與我們朝夕相處的那個「自己」，或許是我們在認識自己、理解自己、評價自己時，更不該忘記的資訊來源。

在面對自己表現如意時，我們對自己的認識會是正面的，這多半沒什麼問題。問題往往出於，當我們表現「不如己意」、「不如他意」時，我們該如何看待自己？在這種時刻，我們是否還有勇氣讓別人走入自己的生命、認識自己，和自己發展一段關係？當自己不夠好時，我們可以勇敢走入他人的生命裡嗎？

「不夠好」的感覺一直是諮商室裡的常客。延續上一篇介紹的「擴大他尊資料庫」，這一篇我們來練習「擴大自尊資料庫」這個技巧。擴大自尊資料庫的概念與擴大他尊資料庫類似，都是奠基於「樣本數要大一點」，整體做出的推論會比較值得參考，有點像是要把很多資料完整地一起看進眼裡。

實務觀察發現，在自我評價時，我們時常用單一、特定的事件來定義自己——特別是那些我們認為最失敗的經驗。人們很容易放大這類負面事件的影響性，並傾向於用這樣特定的事件來定義「全部的自己」。邏輯上來看很不合理，卻是很多人思考的習慣。特別是，**心理萎靡的時候，負面事件的影響力往往被過度放大，而讓我們形成很不精確的結論，關於「我們夠不夠好」這個命題的結論。**

在擴大自尊資料庫的練習中，有兩個軸度要思考：

其一，不要「只用」「某些時間點」的自己，來定義「全部的自己」。請試著把人生的時間軸全部拉進來，用這樣宏觀的角度來看自己。

其二，不要「只用」「某些情境中」的自己，來定義「全部的自己」。這一生中，我們會扮演許多角色，從孩子、學生、上班族、主管，到他人的父母、伴侶、志工、顧客、旅人、作家⋯⋯

思考一下：

❶回顧一下目前的人生，找到一些適合你的切分方式（如：小學、國中、大學、出社會、當主管時期……），你覺得哪一段人生當中的自己是最理想的？

❷哪一段是最不理想的？

❸你是如何做出「理想」或「不理想」的判斷？

❹你是用什麼依據來判斷自己好或不好？

❺呈上，在這麼多時間區間裡，你曾扮演過哪些角色？
你覺得扮演哪一個角色的你，最接近原本的自己？
你最常參考哪一個角色的表現，用來定義自己好不好？
你是有意識地挑選了這個角色嗎？
還是只是因為你覺得自己花最多時間在這個角色上，所以這樣想呢？
除了你曾經扮演過的角色之外，還有沒有其他角色是你很期待自己能扮演的？
當你真的成為這個角色時，你會如何看待自己？
你能做些什麼事，讓自己有機會「成為」這個角色嗎？

試著把上述資料平均起來看，那一個你會不會是一個更完整的「自尊」或自我評價呢？

罪惡≠羞愧：
允許自己有時就是沒辦法做好，但自己還是不錯的

關於自己好不好的議題，很多人會把目標變成「相信自己很棒」，而不要有「自己不好」的感受。不過，在心理健康中，具備「感覺自己不夠好、感覺自己做錯了」的認知，其實是很重要的人際能力。正因為有這樣的感覺，我們才有機會踩下煞車，駐足思考發生了什麼事情。在情緒心理學中，有兩種情緒與這種狀態有關，釐清它們的差異非常重要。

第一種情緒稱為「罪惡」（guilty）。罪惡是因為我們發現自己的「表現」，讓自己、讓別人失望的時候會出現的情緒。

第二種情緒稱為「羞愧」（shame）。羞愧是因為我們意識到「自己這個人」，讓自己、讓別人失望的時候會出現的情緒。

也就是說，感到罪惡，是因為你做的「事」；感到羞愧，是因為你這個「人」。罪惡

感是一種重要而且健康的情緒。可是，當我們不分青紅皂白，直接認為出差錯、有問題的是「自己這個人」時，這種羞愧感、這種內在壓力反而會讓我們：

❶ 變得憤怒：「你憑什麼這樣說我！」

❷ 變得焦慮而想躲起來：好想從地球上消失。

❸ 陷入癱瘓，動彈不得：不知道自己可以怎麼做。

（你可能有發現，這與無力感提到的「戰鬥」、「逃跑」、「暈僵」反應類似。）

當你感覺到有些事沒做好、哪邊不對勁、怪怪的時候，請停一下，觀察：

- 這是出於「對事不對人」的罪惡感？
- 還是出於「針對你這個人」的羞愧感？

罪惡感提醒你去做一些不同的事，改變現況。但當你發現這是羞愧感時，你可以：

- 試著想像，如果你最好的朋友遇到了類似的狀況。
- 以旁觀者角度來看，你會覺得這種狀況發生是因為外在因素累積共同促成的結果？

• 還是純粹就只是因為「你的朋友糟透了」，才導致這個結果呢？

練習透過旁觀者的觀點，陪自己從事件中「拉出一點距離」，你可以更清晰地面對這次的經驗。

在第一章「從無力到有力」，提過「非黑即白」的思考方式。羞愧感，即是「非黑即白」的認為「就是我這個人不夠好」。許多長期受羞愧感影響的個案往往沒有特別想過：我們對自己所下的關於「好與不好」的定義是怎麼來的？我們是如何做判斷的？諮商互動的過程往往能讓案主意識到，這些關於「我這個人好或不好」的判斷，多半是來自我們成長的童年——是我們學習能力最好，但最缺乏判斷能力的那段時間。在長大之後，我們是否能陪著「小時候的自己」再次檢視一下，那些我們用來判斷自己夠不夠好的依據，是否在十年、二十年之後看起來一樣的合理而合適呢？

在處理情緒議題時，羞愧感是相較之下比較複雜的議題。如果讀者在閱讀此章時，有發現這種情緒已明顯影響到自己，讓自己感覺無法招架的話，尋求專業心理師的協助也是值得參考的選項。

感覺不夠好，其實是「健康的情緒」。關鍵在於，那個不好的部分，是因為我們的「行為」，而不是我們這個「人」。能帶著這樣自尊的基礎與人互動，我們會更有勇氣去面對人際互動之中得到的各種評價，也會更有「被討厭」、「被不喜歡」的勇氣。

勇敢面對他人給予的回饋

左腦解方的最後，讓我們來討論：如何面對他人給予的回饋。

首先，在接收到任何來自他人的回饋時，請允許自己可以有感覺、有情緒。生而為人，老天爺給了我們一個「非常在意社交訊號、在意評價」的大腦。這個能力幫助了還是原始人的我們，能順利在部落之中存活。

所以，不需要「用力」讓自己不去在意別人的看法。因為這很難。同時，這也很可惜。倘若我們能夠反過來「善用」來自他人的回饋，將更有機會幫助自己打造一個更好的人生。

要如何善用他人給予的回饋呢？以下幾點供讀者參考：

❶ 允許他人用「他的」方式看待你。

但記得，這是「他的」方式，不是「每個人都同意的方式」。允許自己從中選擇自己需要的資訊，並放下對你沒有幫助的訊息。也就是說，在接收到他人的回饋時，請記得你是有選擇權的。你能選擇的多半不是「對方要不要給你回饋」、「對方給你什麼回饋」，而是選擇「留下哪些對自己有幫助的」，並且「放下那些對你沒有幫助的回饋」。

❷ 何謂「對自己有幫助的回饋」呢？

之於我，有幫助的回饋能刺激你思考，你想成為怎樣的自己（這個問題在第三章「無我到有我——敢做自己」也討論過）。你是否正在一條「成為理想的自己」這條路上，還是你走歪了，而對方提醒了你什麼訊息？此外也得留意，別人給予回饋的方式或內容，多半也反映出對方自身的價值觀；當雙方價值觀差異過大時，對方提供的回饋就未必是能刺激你反思自我的最佳素材。

❸ 收到回饋後，允許自己用一些時間去消化它。

回饋時常有正有負、有好有壞。更多時候，那些對你真正有幫助的回饋，一開始往往穿著「負面」的包裝。所以，給自己時間去消化和反思，以及接納過程中的情緒，如果情緒仍很強烈，就先別急著做些什麼。

❹整合你收到的各種回饋，從中宏觀思考：

你對於哪些類型的回饋最敏感、最容易有被拒絕的感受？

你可看見背後特定的人、事、地、物嗎？

好比，當對方談到「工作」時的回饋？還是你收到關於「關係」的回饋呢？

記得我們在〈擴大自尊資料庫〉練習中的精神：把回饋當作大數據一樣分析看看，你將會有機會從各種來源的回饋中更了解自己。

新的「堅強」，其實是敢於脆弱的坦誠

在認識自己的路上，我們總會發現自己有厲害的地方，也會有不擅長的地方。有優點，也一定會有缺點。

在心理健康的觀點中，真正的勇敢或堅強，其實不是掩耳盜鈴，或者企圖抹滅自己某些被定義為缺陷的地方。而是理解這個不完美的自己，就是自己真正的樣子。自己就是帶著這樣不完美、卻也「夠好」的自己，繼續出發，朝向心中那個更理想的自己前進。同時，我們也願意讓他人看見、理解這樣的自己——這個看似脆弱，實則具有韌性的自己。畢竟，每個人的人生都是「未完成品」。我們不需要變成「完成品」之後，才值得被愛。

願意走入他人的生命、願意讓他人走入自己的生命……在面對這些關係的課題之前，我們得先處理「自己跟自己」的關係課題。希望以上的左腦解方，提供讀者更多元的思考方向。接著，讓我們來看看右腦解方。

右腦解方

練習「開心」解百憂

二〇二〇年開始的一場疫情，把口罩帶進了日常生活中，成了維持健康的必需品。而在二〇二三年疫情開始解封之際，針對脫下口罩露出真面目時，會產生的「容貌焦慮」議題，也在各大社群平台上掀起討論。

以族群來說，容貌焦慮比較容易發生在三十歲以下的年輕人身上（在青少年之間尤甚），女性也比男性容易受到影響。在全民有罩的疫情期間，口罩成了一道避風港；解禁後的無罩狀態，帶來的強烈的焦慮感或羞恥感，甚至讓在網路影片中受訪的青少年說，如果要在鏡頭前脫口罩，「我會立刻跑走。」

容貌焦慮在臨床醫學上稱為：「身體臆形症」（Body Dysmorphic Disorder），受到容貌焦慮影響的人，可能過度放大自己的容貌或生理上的細小缺陷，進而讓工作、生活或者人際關係受到影響。呈現出來的行為包含、但不限於：

- **必須不斷確認自己容貌狀態**
- **因為容貌的瑕疵而感到痛苦與失落**
- **過度沉迷於醫美手術、肌膚保養或是整形**
- **期待得到他人持續性的肯定與讚美**

當然，每個人在被稱讚的時候，多少還是會開心一下，連腳步都可能輕盈起來。相對的，如果在容貌上收到不符合期待的負面回應時，失落也是在所難免的人之常情。然而，如果容貌焦慮已經嚴重到讓你無法與其他人建立有意義的人際連結時，確實是必須小心處理的議題。

接受專業的心理諮商協助，並且擁抱「愛自己」的三字箴言之前，我們也可以先回到本章節中「左腦解方」的思考方式，確認自己現在到底是自尊或者是他尊受到了傷害。

容貌焦慮的本質，其實是獲得「愛與接納」的焦慮。當我們談到萎靡的概念時，容易把無力感、沮喪、無法集中等負面情緒當作非常個人的事，以為所有的困頓都發生在個案的心靈世界，只有個案想通、想開或轉念，才能自食其力從萎靡狀態中走出來。

然而，身為社群動物的人類，其實也需要團體與社群的支持，來平衡情緒的亞健康狀態。當我們陷入容貌焦慮之中，為愛與接納設下了「條件」，不只挖了一個情緒的坑，也造成我們錯過了受到社群滋養的機會。

除了容貌焦慮之外，收入、職業、家庭背景，甚至是原生家庭，都可能在關係中成為焦慮的來源。當然，有些關係即便在長期經營後，仍然跨不過上述條件的差異，但如果在還沒有進入關係前，就覺得自己不值得或者不夠格，就需要注意自己是否陷入了單一線性的思考行為模式之中。

在處理容貌焦慮或其他各種焦慮造成的萎靡狀態時，「開心」是非常重要的。這裡所說的開心並單單只是喜悅、愉快等正向情緒，而是打開心胸，讓其他人的支持、讚美與正向回饋可以真正的發揮作用，把他人的肯定與信任「聽進去」。

至於在身體上，也有個部位能幫助那些聽不進他人美言的鋼鐵心腸關閉降噪模式，借住他人的善意成為擊退萎靡的助力。而這個情緒開關，就在我們的「心」——也就是「胸口部位」。

心痛比快樂更真實

華語天后級女歌手張惠妹，曾在〈真實〉這首歌中高唱本節標題：「心痛比快樂更真實……」這句歌詞乍看是情歌中常見的苦慘描述，在科學上卻有其道理——比起快樂時刻的歡欣鼓舞，心痛的情緒，真的會在你的身體上造成疼痛的反應。

在醫學上，因為巨大的悲傷或情緒壓力，所造成的心絞痛、胸痛、呼吸困難或急促，以及心律不整或心悸問題，被稱之為「心碎症候群」（Heart broken syndrome）。患者經常會在經歷突發情緒後，出現上述類似心肌梗塞的症狀或不適感，但實際上入院檢查後，卻沒有觀察到相關的生理現象。

從心碎症候群的相關機轉，我們可以觀察到巨大的情緒挫折或環境變化所造成的心理壓力，確實會在生理層面上造成不適感。相對的，如果從身心相繫的觀點反向推理，好好照護「心碎」區域，就能安撫或平衡重大突發情緒所帶來的創痛。

在印度阿育吠陀的養生觀點中，胸口區域（包含心肺以及兩條手臂）掌管著我們愛的能力——不只是給予，還包含接受。若是讀著跟著本書篇章遞進，慢慢認識安全感、創造力，以及建立自我等議題之後，下一道關卡就是如何透過愛，來真正進入到一段有意義的人際關係當中。

所謂「有意義的關係」，包含愛情、親情、友情等各種形式。美國女權主義作家貝爾．胡克斯（Bell Hooks）曾試圖在其著作《關於愛的一切》（*All About Love: New Visions*）中定義：「愛是看你做了什麼。愛是展現意願的行為，也就是有意圖和行動。出於意願也代表著選擇。我們不一定要愛，而是選擇去愛。」

去行動，去展現意願，去清楚意識每一次在愛裡的自我揭露，都會有脆弱與不完美的部分被看見，即便如此還是願意去愛，這才是從萎靡之中長出力量的轉捩點。然而許多人之所以在愛裡卡關，都是因為在安全感議題不斷受到撼動與挑戰，還沒長出愛的力量。

因此，當你在愛裡不敢脆弱、不夠勇敢，或者是受到容貌焦慮與各種其他焦慮所苦，擔心自己不會被愛（我聽過正值青春年華的政大同學跟我抱怨過這件事），不妨從好好保護自己的心開始。並且同時關照與安全感議題息息相關的「骨盆區域」，雙管齊下地讓自己在生理層面上做好準備，鞏固安全感本能，再發展愛的勇氣。

擁抱是特效藥

你是否曾經在人來人往的街上，看過有人高舉「Free Hug」（自由擁抱）標語牌？看到這樣的標語，你會上前去給彼此一個擁抱嗎？由澳洲人Juan Mann所發起的「Free hug運動」，主旨是在街頭上主動提供陌生人擁抱，以溫暖與關愛對抗現代社會的冷漠互動。這種活動形式後續陸續擴散到全世界各個角落，我自己就在幾個台灣的熱鬧商圈裡，看過提供Free hug的「抱抱主」。

對於不太熟悉身體語言的人來說，擁抱可能是另一個焦慮的引爆點，但擁抱帶來的「心心相印」，以及完成擁抱動作會使用到胸口、手臂與手掌等身體部位，若從身心相繫角度切入，確實都是能夠帶來情緒安慰的關鍵能量點。

比如，觀看驚悚電影時，被突然跳出的鬼臉嚇一跳時，不管搭配的是驚聲尖叫還是小聲悶哼，大多數人的反射動作都是用雙手拍拍胸口，好讓自己的情緒快速平穩下來。由此可見胸口區域的觸碰與敲擊，確實能夠幫助轉化突發狀況帶來的驚嚇。

在印度阿育吠陀的養生觀點中，胸口部位的能量中心也掌管著我們「給出愛」以及「接收愛」的能力。幫助敞開自己、接受生活中各種經驗所創造的可能性，也讓自己不被特定情緒綁架，呼應我們「愛、感謝、原諒」的能力。

給出擁抱，其實是種「破冰」的行為。選擇擁抱，等於離開語言的掌握，以身體力行表達自己的情感：無論是支持、感激，或者是願意放下爭執，讓關係回到平穩的基準點，真摯的擁抱都是超越口頭表達的一種愛的行動。

在中醫理論中，我們的雙手也被視為「心」的延伸。與心血管循環的相關經脈、穴點都沿著手臂內側直達手掌。因此意識到坐而言不如起而行的各種「動手做」，都是以行動抵抗萎靡情緒的良方。相對的，若想要強身靜心，卻沒辦法直接「袒胸露背」地按摩胸口部位時，手臂內側與手掌部位就是很好的「反射區域」。

擁抱雖然是讓人感受到情感被滋養的特效藥，但在沒有擁抱對象也沒有Free Hug活動時，就從好好照顧自己的雙手開始吧！如果你經常容易感覺心神不寧、容易受到驚嚇，或者常覺得自己的情緒容易受到外在的評價、觀點，或者是他人的意見所影響，手掌與手臂內側便是非常好用的靜心開關，可搭配本章介紹的精油一起使用，幫助身心穩定下來。

平心之前也需要靜氣

讀到現在，許多讀者可能都已經在理性層面上理解「每個人都不完美」的道理，也明白容貌焦慮之類的情緒消耗，或許都是不安全感在作祟。但在實際面對焦慮情境時，卻常常來不及拿出左腦解方，就掉進過往習慣的思考模式中，快速掉回到萎靡狀態中。

畢竟「開心」並不容易，改變也常常潛藏著再度失望的風險，一次的失敗或許就會讓人更加萎靡……那要怎麼讓自己停止裹足不前，避免被萎靡情緒拖慢腳步呢？好好的深呼吸，作用可能比你想像來得更大。

人類只要活著，都必須保持呼吸，才能維持基本的生理機能。但呼吸的深度以及空氣的品質，卻會影響到身體的攝氧結果。現代人運動量不足、久坐久站、睡眠品質不佳（多夢或睡眠呼吸中止症等），再加上環境的空氣汙染，都會影響每次呼吸的攝氧量，導致慢性缺氧的狀況發生。

如何判斷自己是否慢性缺氧，最簡單的方式便是觀察自己「打呵欠」的頻率。呵欠動作是身體的換氣機制，大多數時候都是在一整天活動過後，會開始進入「抽風狀態」，伴隨睡意而呵欠連連，透過呵欠來強制深呼吸，代謝掉身體多餘的二氧化碳並且補充氧氣。

如果你觀察到自己在早上起床過後沒多久，就進入了呵欠模式，代表身體可能已經發生了缺氧問題。若是沒有辦法改善，讓身體逐步「有氧」起來，就會對氧氣需求量最大的器官「大腦」造成影響。

大腦機能若沒有辦法順暢運作，情緒過度反應或內耗的機會就會增加，讓人「看到黑影就開槍」，沒辦法轉換觀點或以不同的角度詮釋。此外，腦部若是沒有得到足夠的氧氣，不只學習的速度會變得緩慢，也沒有辦法建立新的行為模式，更不容易擺脫萎靡的心理狀況。

若想要「開心」做出改變，支持自己離開萎靡進入心盛模式，以下幾個身體練習非常有幫助：

靜態深呼吸：可以選擇本章節介紹的精油，或者是任何喜歡的香氣，以第一章介紹的呼吸工法進行日常演練。有意識的深呼吸，可以鍛鍊進行呼吸動作時使用的肌群，提升日常的自主呼吸的效率。同時也能活絡胸口區域的能量，在覺得孤立無援、缺乏支持，或者是自己「不夠好」的情緒狀態中很有幫助。

動態伸展：王唯工教授在其著作《水的漫舞》一書中，提到即便是簡單的伸展動作，都能化為排除二氧化碳的妙招。對於久坐的上班族來說，每隔一個小時就起身，搭配深呼吸來伸展肩膀、胸口，以及骨盆區域，也能增進攝氧量，並且加強二氧化碳代謝。

伸展肩膀	可將雙手往頭頂方向垂直舉高，兩隻手臂平行貼耳，雙肩下壓不聳起，在這個動作維持十個深呼吸的時間。
伸展胸口	雙手打開在身體兩側，手肘微沉，肩胛略收，在這個動作維持十個深呼吸的時間。
伸展骨盆	雙膝微蹲，手肘成九十度舉起（如握方向盤），吸氣時臀部向後收緊抬起，手肘同時向後延伸；吐氣時骨盆向前移時同時抬起，腹部收緊，雙手向前方抬起，上手臂平行於地面。配合呼吸活動骨盆區域，進行十個循環。

以上兩種「靜與動」的練習，雖然看似簡單，對於平常缺乏運動的朋友來說，可能還是帶一點挑戰性。如果你平常的呼吸比較短淺，或者是筋膜較為緊繃，在進行這個練習時可能會感受到頭暈、痠痛，或者是卡住的感覺。建議先觀察肢體能夠伸展的極限，不要勉強自己，避免氧氣沒攝取前就先受了傷。

當然，回歸日常生活，缺氧的狀況還是需要盡量「有氧」來進行調理。比如，和緩的瑜伽運動、培養「氣感」的太極拳，或者是建立核心穩定度的皮拉提斯，都能成為運動小白慢慢達成「運動三三三」（每週至少運動三次，每次三十分鐘，每分鐘心跳數須達一百三十次）的第一步。

在進行這些有氧運動時，也可以搭配下面介紹的兩款香氣，讓自己更「有意」。

無意到有意的香氣

芳樟（Cinnamomum camph. Ho-Sho）

在台灣，樟樹曾是非常重要的經濟作物，不過在經過大規模砍伐後，如今多作為行道樹或公園綠地的景觀樹種栽種。樟樹全株芬芳，從枝葉到果實都有香氣，萃取成精油的部位則以枝葉為主。由於生長環境與風土不同，樟樹可分為主要芳香分子不同的三種品系：

本樟：以樟腦為主，帶有除蟲藥品氣息。過去是製成天然樟腦丸的主要原料，萃取成精油後因帶有神經毒性，使用起來須小心謹慎。

桉油醇樟：帶有清新尤加利般的氣息，可強化呼吸深度與強健免疫系統。移植至馬達加斯加後在芳香療法中發揚光大，是抗病毒的最佳選擇之一。

芳樟：以「沉香醇」為主要香氣來源，揉合木質氣息與花朵芬芳，是使用起來最老少咸宜的樟樹品系。

在人見人愛的花朵類精油中，常見沉香醇的身影，如：薰衣草、玫瑰、茉莉等，精油小白耳熟能詳的香氣，都能聞見其芳蹤。**而芳樟以其木質的穩定、加上花朵般的芬芳，協同出瞬間讓人「開心」的特質，絕對是「空虛寂寞覺得冷」時，最忠實的心靈啦啦隊。**

沉香醇具有補身作用也能夠廣泛抗菌，因此**芳樟很適合使用在病後養身的恢復期，避免病菌與發炎如野火燒不盡**。日常應用芳樟精油，也能發揮它激勵免疫力與止痛的效果，並且提振能量循環與修護自癒的效率，培養像大樹一樣高的底氣。

芳樟的氣味於柔情中帶著剛毅，在情緒層面上非常適合幫助脆弱的心靈壯大聲勢。不只能安撫焦慮的情緒，還能讓人彷彿穿戴香氣墊肩，遇到挑戰時更有擔當，也幫助在遇到一朝被蛇咬就十年怕草繩的那些情緒陰影中，能夠「打開天窗說亮話」，洞察陰影背後的真實。

在必須直球面對他人建議、意見與評價的高壓場合之前，可以使用芳樟香氣加持防身，建立情緒濾網，篩出入耳批評中的建設性。又或者在日常生活中，不小心陷入負面情緒時，也可以讓溫潤芳樟來平衡冰點以下的寂寞寒心。

我自己則是在**當覺察到情緒逐漸積累，開始覺得煩躁不安，颱風尾即將掃到別人身上**

前，會使用芳樟來讓內心風暴慢慢平靜下來。深深吸聞芳樟的香氣，就彷彿身在宮崎駿的動畫中，戴著草帽躺在邊坡上大樹旁，深吸一口氣仰望葉縫流洩下來的點點日光。

芳樟的香氣冥想：

在覺得可能會「被拒絕」，或者是必須面對那些令你「缺乏自信」的場景時，取出一滴芳樟精油，塗抹於胸口、腹部，以及下腹區域。皮膚敏感者可加入植物油（如：荷荷芭油或橄欖油），使濃度降低。

接著進行以達．文西的經典畫作《維特魯威人》的身體練習：

❶ 雙腳併攏，腳掌穩穩貼在地面上，雙手平舉而手掌與地面垂直，感受到頭頂彷彿有一條絲線將脊椎拉直，在這個位置保持五個深呼吸。

❷ 接著把雙手往斜上方延伸，肩膀保持下沉，雙腳打開與肩同寬，同樣保持脊椎挺立，在這個位置保持五個深呼吸。

兩組動作交替循環三次後，雙腳併攏、並將雙手合十在胸前，並把意識放在芳樟的香氣上，至少一分鐘的時間。

桔葉（Citrus reticulata. leaves）

桔葉精油是由紅桔（Citrus reticulata）的葉片所萃取。與大多數柑橘類果實所表現出來的陽光能量不同，柑橘類葉片的香氣多半帶有強大的安撫作用，能夠平撫追愛的焦慮以及失去愛的創傷。而桔葉更是在眾多柑橘葉片中，呵護效果最強大的翹楚。

在生理層面上，**桔葉能夠平衡睡眠障礙問題，也具有強大的抗痙攣作用，能夠調理呼吸道感染後產生的劇烈咳嗽、安撫吃太飽或一陣亂吃過後的消化道悶脹，也能平衡女性月經來潮時的痙攣與疼痛**。

而在情緒層面上，桔葉可說是最適合搭配〈分手快樂〉一曲來使用的香氣。**無論是親密關係或工作關係告一段落，甚至是面對親朋好友的逝去，清雅溫潤的桔葉香氣都能帶來最深刻的撫慰，讓人擁有足夠的力量「好好說再見」，並騰出心靈空間，讓新的經驗與遭逢能夠走進生命旅程裡**。

在芳香療法中常見一種有趣的說法：「一個人對氣味的喜好，呈現出了他和該氣味所代表的特質之間的關係。」聞了就欣喜的香氣，當然比較容易走進日常生活中應用，但那些讓你皺起眉頭的香氣更是需要關注。

剛開始學習芳香療法的時候，我對所有的氣味都充滿好奇，遇到沒聞過的必定是打開香氣深吸一口，並在腦海中騰出資料庫記憶氣味屬性。當時大部分的精油我都能接受，就算遇到自己不太能夠欣賞的品項，還是能夠明白「青菜蘿蔔各有所好」的道理。

唯有一瓶桔葉與其他柑橘類葉片精油所調製出來的複方精油，在當時被我列入「討厭」名單，不只嗅聞了之後會略感頭暈，甚至心中會滲出一絲絲悲傷、憂鬱之感。而當我還在精油新手期，芳療師學姊看見我對桔葉的反應，只是淡淡問我一句：「你的童年是不是很不快樂？」

那個問題絕對撥弄了我的心弦（最大聲的那種），但後來我採取暴露療法思維，不顧內在的抗拒並開始大量使用桔葉精油後，發現桔葉的安撫感彷彿是輕聲說著：「沒關係，你有傷心的權利。」於是回頭觀照自己，才意識到過去曾被自己忽視或壓抑的種種。

願意敞開、願意道別，願意看見自己是有傷口的，才有痊癒的可能。桔葉香氣是最溫柔的聆聽者，陪伴我們訴說那些不容易說出口的經驗與故事。

桔葉的香氣冥想：

❶ 取出一滴桔葉精油，加入五十元硬幣大小的植物油中。先在手心搓開後，按摩眉心、鼻翼，以及前臂內側部位。肌膚敏感者建議加入更多的植物油稀釋，避免肌膚產生敏感反應。

❷ 採舒服坐姿，在香氣中先進行十個深呼吸，接著把雙手手掌放在胸口，想像自己被綠色的巨大光球所包圍，並盡可能地放慢吸吐的速度、且強化呼吸的深度，維持至少三分鐘。

❸ 接著雙手臂張開，手肘微沉，想像自己正在擁抱一棵大樹，並且跟著呼吸節奏，感受自己的壓力與情緒被大樹給承接著，持續十個深呼吸的時間。

❹ 雙手合十，將手掌置於胸前，感受自己的思緒與情緒自由地流動著，閉上雙眼保持靜默至少一分鐘。

睜開眼後，進行五～八分鐘的書寫，把當下的想法寫下來。

有意的按摩：胸口與手臂按摩

胸口與手臂區域的按摩，不只可以在情緒層面上幫助調整「自我懷疑」的情緒，也能幫助我們正向與他人連結。要同時照顧到胸口與手臂區域，可以採取「無限符號∞按摩法」，加強能量的流動與串連。

❶ 可在洗澡沐浴後，先稍微把胸口肌膚擦乾。接著在五十元硬幣大小的植物基底油（如：荷荷芭油、橄欖油）當中，加入一滴芳樟精油與一滴桔葉精油，充分混合於手心搓開。

❷ 接著將左手平行伸出，右手掌心貼緊左邊上胸，沿著左手臂內側緩緩推出至左手手掌，接著右手掌心服貼左手臂內側，沿左邊下胸緩緩推回到胸口中心的位置。

❸ 接下來，換成右手平行伸出，由左手掌心貼緊右邊的上胸，沿著右手臂內側緩緩推出至右手手掌。接著左手掌心服貼在右手臂內側，沿右邊下胸緩緩推回到胸口中心的位置。完成無限符號∞。

重複這組動作至少五個循環，同時將意識放在呼吸上。五個循環做完之後，將雙手交疊放在胸口位置，感受自己的情緒變化。

CHAPTER

5

無言到有言

敢 說 敢 聽

沒有感覺、與生活失聯，你的話語就不會有重量

自我檢核：

- □（因為無感）所以常覺得自己無話可說、沒什麼好說的
- □覺得自己的論點或想法乏善可陳
- □在發言前，常擔心我說了會不會被＿＿＿＿＿＿（被罵、被討厭、被認為很怪等社群壓力）
- □覺得自己的聲音不會被在意

為無言找成因：我真碩顧講話

在大學兼課那一段期間，或許是我們可以最直接觀察年輕人、與年輕人相處的時間。雖然我們兩位作者自詡肉體年齡尚未離年輕人太遠，但多次這樣觀察下來，不管是我們成長年代的大學生、還是現代的大學生，都有一些狀態是類似的。在這一章我們想要討論的現象，甚至在現代青年身上，與我們那個年代相比，是有過之而無不及。

這個現象是：對多數人來說，「發言與分享」是一件不容易的事情。於是，我們時常在分組報告、個人上台報告時，聽見大家習慣用這樣的開場白開場：「大家好，我是〇〇〇。不好意思，我比較不擅長在大家面前講話，如果講不好，還請大家多見諒……」

當然，有些人幸運地在就學期間，就慢慢找到了講話、發言與公開分享的感覺，愈來愈習慣或擅長這件事。但也有不少學生一路維持著這種「無言」或「不敢言」的狀態，直到畢業出了社會。有人幸運地能避開需要發言的工作或場合，但也有人因為工作需要，必須硬著頭皮去面對這始終不上手的差事，職場瞬間變成了讓自己水土不服的痛苦地獄。

事實上，這種有話不「敢」說、有話不「會」說，慢慢變得有話不「想」說的狀態，在一個人變得萎靡的過程中，也扮演著重要的角色。之前我曾提過，**人際關係其實是緩衝壓力、改善心理萎靡的重要因素。人們天生就有表達的需求，不管是為了讓別人聽見自己的觀點與想法、為了讓別人更認識自己，還是為了透過對話去影響別人。與此同時，我們也會在對話中被對方影響著。這種在溝通、對話中創造出來的人際連結，對於改善心理萎靡來說很重要。**

可惜的是，許多人可能在過往的對話、溝通之中曾經受過傷。也許是鼓起勇氣分享了自己的想法，結果反而被質疑、被懷疑、被指責、被討厭、被攻擊……又或者，在成長的路上，受到教養、求學環境的影響，讓自己開始相信：「我的想法是沒有價值的」、「我的聲音是乏善可陳、不需要、也沒有必要說出來的」、「反正沒有人會聽、沒有人在意我的想法」等等。

久了之後，我們不再覺得「發聲」有其必要性。發聲只會帶來更多的困擾，何苦呢？於是，我們沉默了，我們不愛說話了。可惜的是，當我們不再發聲、不再分享、不再透過對話整理自己、與人連結時，我們可能也就愈來愈不覺得「好好生活」是重要的。反正，好好過日子、用心整理自己的體悟，也沒人想聽呀！

這一章，我們要來談談「無言」這種現象背後，可能有哪些因素，解方又是什麼。

為什麼我們愈來愈不擅長講話？

麻省理工學院科技社會學權威雪莉・特克（Sherry Turkle）教授曾在她的經典著作《在一起孤獨：科技拉近了彼此距離，卻讓我們害怕親密交流》中，提出了一些值得我們深思的論點，可以試著回答人們變得「無言」背後的因素。她提醒（我覺得更像是警告），愈來愈發達的科技，其實影響了我們天生的溝通本能。

拜科技之賜，人與人之間的溝通成本降低許多。我們不再需要「寫家書」、在軍營中耐心等著另一半的信件，就能溝通了。出生之後就看過手機的數位新住民，甚至難以想像「飛鴿傳書」、Nokia 3310、黑金剛是什麼。推陳出新的通訊方式，從簡訊、即時文字通訊、貼圖、視訊，乃至於疫情後繁盛發展的多人線上會議工具，現在都已如此日常，成為了人們實體溝通的替代方案。

不過，雪莉・特克發現，當人們愈來愈熟悉與頻繁使用數位溝通工具時，他們在「實體溝通」的能力是變得愈來愈好？還是變得比較差？根據她的觀點，新世代青少年在實體溝通能力上，其實是變差的。愈來愈多人不喜歡實體對話；所以，許多人看到手機出現「來電」會開始焦慮，故意把手機放在旁邊，讓這通電話變成「未接來電」，之後再用簡訊或文字回覆對方；又或者在網路上，要露臉、要發聲的對話是能避免就避免，全部改成用文字、貼圖來進行。

與實體互動相比，文字互動對我們大腦帶來的「負載」少了許多。我們不必接收到這些龐雜的資訊，包含：對方的表情、肢體語言等非語言訊息，可以簡單專注在對方傳來的「文字」上就好。在純文字互動中，我們也不用擔心對方講完話之後，自己要立刻回應——這種在短時間內接收資訊、消化它，並且判斷當下情境之後，予以合適回應的能力，在實體互動中是非常基本的。

科技進展之下，在我們收到文字訊息之後，甚至可以暫時「技術性」的不讓對方知道我們已經看到了訊息，以便爭取更多的時間來想想到底要回什麼。就算我們「已讀」了訊息，我們還是可以像寫文章一樣，刪刪改改、再三思量到底要怎麼回比較好。那些衝動脫口而出的話，早一點可以被我們自主地按下刪除鍵處理掉，晚一點也可能還來得及用「收回」來應對。

在帶領工作坊時，我時常邀請現場聽眾兩兩一組進行對話的練習。在練習中，兩個人就只是安靜地坐好，不急著對話。而是花點時間，在對話之前把自己的狀態準備好。問問自己：

我準備好要跟另一個人互動了嗎？

我現在的感覺是什麼？

我現在有足夠的大腦空間跟資源，能專注投入在對方身上嗎？

在處理好自己的狀態後，我們再進入對話的下一階段：透過彼此的眼睛，試著覺察對方的狀態。

我會在一旁提供的引導：

「看著對方的眼睛……試著用你的眼睛告訴對方：『你好，如果你有點時間的話，我希望有機會和你聊聊、關心一下你最近的生活……』」

請留意：在這一階段，雙方都還是不用開口「交談」，而是用眼睛「交流」。

在這類練習中，許多人在這種狀態下都深感不自在。有人說好尷尬喔、有人覺得很害羞、有人覺得焦慮、緊張，有人覺得有點生氣……雖然，我們每個人其實都在做一樣的事，但這些眾多情緒出現的背後，或許反映出我們每個人過去在溝通、在凝視與被凝視的歷史中，發生過的大大小小事件。

簡言之，在文字溝通中，眼睛不見了、語氣不見了、聲音不見了……只留下看似理性的文字。一次又一次的文字溝通，也讓我們慢慢失去了完整、豐富的溝通、創造連結的本能。心理萎靡狀態讓我們不太敢投入對話，而少了對話的生活，又讓萎靡的感受變得強烈。究竟有哪些解方可能有助於改善呢？

左腦解方

切換生活視角，豐富自己的生活

從無言到有言的基本起步，誠如之前提到的練習，是先回過頭來安頓好自己的狀態。在心理諮商剛開始時，我常問個案：「今天你想和我分享些什麼？」通常在諮商初期，個案多半會帶著想討論的具體議題前來，像是工作壓力、婚姻、人際困擾等等。在聊這些議題時，個案多半能侃侃而談。

不過，隨著諮商進展，我們多少會將關注的視角，從初診時帶來的特定議題，稍微擴大到個案生活的其他面向。我還是一再地問：「今天你想和我分享些什麼？」時常會有不少個案會卡住地說：「我現在好像沒有什麼想法……」、「我覺得我的生活好像沒什麼改變……」、「我不知道誒，好像沒發生什麼事情……」這時，我會鼓勵個案把「今天你想和我分享些什麼？」這個問題帶回家，並且時不時就把這個問題回想起來，帶著這個提問去觀察自己、去過日子。

很多時候，生活並不如我們所想的那麼一成不變或貧脊、缺乏變化。只是我們沒有力氣、沒有動力去看見生活當中各種變動的元素；特別是在我們感到萎靡的時候，我們真的很容易覺得「沒有啊，一切都一樣」。

如果你的無言、不知道要說什麼是來自於這種狀態的話，那麼帶著特定的「問題意識」去過生活、去刻意切換你「看待」生活的視角，是非常有效的方法。我稱這個練習為「普魯斯特（Marcel Proust）上身法」。這概念出自於他講過的一句話：「真正的發現之旅不在於尋找新大陸，而是以新的眼光去看事物。」思考一下，普魯斯特要怎麼樣過日子，才能有素材、有靈感，能寫出四千多頁、兩百多萬字的《追憶似水年華》這本巨著？

除了轉換生活視角，蒐集可以讓自己從「無言」到「有言」的素材之外，同一時間，我們也可以增加生活的豐富性，刻意在生活中創造、體驗一些過去沒有經驗過的素材。

所以，在合法範圍之內，做些你想都沒想過要做的事吧！在羅比・羅格（Robie Rogge）與戴安・史密斯（Dian Smith）合著的《每天做一件你害怕不敢做的事》提供了不少靈感。例如：咬一口不敢吃的食物、大聲唱歌、向別人求援、承認自己的錯誤，到提企劃案、接受讚美、參加比賽、狠狠的摔一跤再從原地爬起來……需要靈感的讀者們，不妨翻閱參考。

先花點時間，練習與自己對話

蘋果手機的iOS系統在某次升級之後，幫我的手機安裝了一個應用程式，叫做「日誌」（Journal）。在你打開日誌APP之後，系統會依據它從你的手機使用習慣中搜集到關於你今天的生活狀態，提供一些回顧資料給你。好比，你今天去過哪邊、走了幾步路、拍了什麼照片等等。同時，日誌會隨機提供你三個問題，鼓勵你用來整理今天的自己。

在我書寫的當下，打開此APP時，它提出的三個問題是：

「回顧最近的時刻，選擇本週帶給你喜悅的事物來加以描述。」

「寫下一次有人為你手作禮物的時刻。有的話請包含該禮物的照片。」

「有什麼事讓你輾轉難眠？有智慧的朋友會如何解決這個煩惱？」

以心理師的角度來看，這些題目其實都頗具巧思，很適合用來從「無言」到「有言」之中，我們練習「發言」的題目。不知道你有沒有發現，這些就是剛剛提到的「問題意識」。我真的太喜歡這個功能了，忍不住手癢又按下了上頭「隨機」的按鈕，系統又給了我三個很棒的題目：

「你可以對自己說出最大的讚美是什麼？」

「你覺得獨立工作比較能激發創造力？還是團隊合作？你為什麼這麼認為？」

「你家中最有智慧的人是誰？最近從他身上學到什麼？」

好的提問，就像是給了我們這一天不同的「方向」。在變得有言的路上，帶著這些觀點與視角過生活，練習展開內心的自我對話，不用擔心字數、篇幅，不論是腦中思考、寫下來、錄音起來，或者真的找個朋友一起聊聊這些問題，都是我們能慢慢找回「有言」能力的好途徑。

資訊減糖計畫，於是你更能專注在對話之中

「當科技不斷增進刺激的強度與事物推陳出新的速度，我們也逐漸適應這樣的節奏。我們變得不再像過去那麼有耐心，一旦刺激沒有持續出現，就會開始感到恐慌而無所適從，因為我們已經習慣於期待刺激的存在。」

——《網路讓我們變笨？》，尼可拉斯．卡爾（Nicholas Carr）

充實、豐富自己的生活素材，讓我們變得有料了。接下來，練習表達與分享，就是下個課題了。在我的觀察中，不少人覺得「對話」是浪費時間的。畢竟，相較之下，讀一封信、看一則簡訊只需要幾秒鐘、幾分鐘。同時，對話還潛藏著不確定性，充滿著未知與突發狀況。相比之下，開展對話的成本高了許多。

不過，這高成本的背後，仍是有價值的。透過實際對話，我們多半能獲得更「立體」的訊息，也更有機會在對話中直接釐清訊息模糊、不一致之處。從長期角度來看，真實對

話成本或許並沒有比較高。

愈覺得對話浪費時間的人，可能會在對話當中愈缺乏耐心。不知道你有沒有發現，在人們生活中，聲光影音的刺激無所不在。我們其實很習慣這種高強度刺激帶來的感官經驗（很多人甚至不知道這些影音感官刺激，對人體來說是「高強度」的）。

對很多人來說，下班之後追劇、看電影等是紓壓之道，也是生活日常。但當我們習慣了這些強度比較高的感官體驗之後，「對話」本身對感官帶來的刺激，就會變得很不強烈。這就有點像是喝了全糖飲料之後，改喝微糖、無糖的版本。當我們覺得不夠刺激，我們就更傾向於回去尋找刺激的管道。那我們要怎麼辦呢？

我們可以在對話中刻意「練習耐心」，慢慢適應剛剛提到的減糖過程。

在對話中練習「耐心」指的是：專注在對方身上、也專注在自己身上。在傾聽時，就只是做好「聽」的動作。把心放在「努力聽懂對方想表達的意思」，不急著搭乘時光機去未來揣測「我等一下到底要回應什麼」。這種感覺有點像無糖的過程，就像喝茶一樣，剛入口時會有點苦澀（專注其實是辛苦的），但是當你慢慢習慣之後，就能喝出箇中滋味，體驗到因對話而產生的人際連結，帶給我們的回甘感受。

從無言變得有言，並不是鼓勵我們大鳴大放地到處說，而是一種邀請：邀請我們加入充滿著各種可能性的對話之中，帶著我們自己的生命經驗，去參與、去激盪、去與別的生命互動。而當中，很重要的是：試著在對話中，同時扮演好分享者「與」傾聽者。你會發現，在我們傾聽時，往往能從對方身上獲得很多不同的觀點，這些觀點其實又會反過來，再次豐富我們自己的生命。具體來說，我們可以透過「正念傾聽」練習，來培養自己在溝通之中的耐心。

正念傾聽的練習

正念（mindfulness）很容易被誤解為「正向思考」。它真正的意涵是由三個元素構成的，分別是：**「正＝當下、現在、正在」＋「今：現在」＋「心：心智狀態」**。用白話來說，**正念是一種「刻意保持覺察自身狀態」的狀態，知道自己此刻的狀態是什麼。而我們可以正念的對象，不只局限於自己，也可以包含對方，而這就構成了「正念傾聽練習」的基礎。**

在正念傾聽中，我們練習帶著全神貫注的心，去聆聽、理解對方的溝通內容。讀者可以試著在今天生活、工作中，找到一次對話的機會，帶著正念傾聽的精神去參與對話。

❶ 對話前：先照顧好自己

開始正念傾聽之前，給自己幾個深呼吸，讓平靜的感受慢慢出現。平靜了，才容易專注。觀察自己的呼吸，不用力地、溫柔的讓呼吸慢下來，進而幫助身體放鬆，節省一些能量。如果此刻你發現自己的狀態不太好，你可能需要的是休息。不急著逼自己參與對話。

❷對方說話時：全心全意投入

如之前的練習所提到的，視覺接觸很重要。用彼此覺得舒服的方式注視對方，特別是在對話中的重要時刻（如對方提到了一些比較關鍵的事件），用眼神接觸告訴對方「我正在聽，你可以繼續說」，讓對方感受到你的投入和尊重。

❸對方說話時：停止評價和評論

傾聽時，我們的心很容易開始喋喋不休，要嘛一直在當「糾察隊」，想要糾正對方的某些說法；要嘛成為別人的老師，在想著等一下要怎麼回應或給什麼意見。當你的心開始喋喋不休時，其實我們就沒有「專注」在對方身上了。在這種時候，試著把你的眼神帶回到對方的身上，然後再次把你的心留給對方，好好地聽懂對方的話就好。

在所有的正念練習中，我們喋喋不休的心，多半是最容易讓我們分心的原因。當你發現心開始喧譁的時候，不用責怪它。畢竟持續思考、一直思考，就是它的職責。

我們只需要發現自己從對話中分心、分神了，然後溫柔的提醒自己「回來」，這樣就可以了。

值得提醒的是，有時我們在傾聽時不小心給出的評論或評價，未必是透過「語言」展現，而是下意識被我們的「身體」所透露。你可能默默地交叉起手臂，短暫皺眉來暗示你想給對方的「評價」。當你留意到這種現象時，記得快點「回來」。倘若這樣的「非語言」訊息影響了對方，請試著和對方討論，必要時，為自己這種影響對話的行為道歉，然後再次重啟對話。

❹對方說話時：讓對方知道你（還）在

肢體語言就像水火，能帶來風險，也能帶來幫助。因此，對話中適度使用肢體語言，如：點頭、簡短回應，對於讓對方知道「你還在」，這是有幫助的。

❺對方說話後：反饋對方你所聽見的

在對方提供部分資訊後，我們可以透過「反映式傾聽」技巧，讓這次對話變得更有品質。你可以在對方說得差不多時，簡單和對方確認你剛剛聽到的訊息，和對方真正想表達的是否一致。好比：「你的意思是……這樣嗎？」或「我聽到你說……不知道我的理解是否正確？」等。

同時，當你聽到對方展現一些情緒時，無論是透過語言（音調、說話的感覺）、或者非語言（肢體、聲音本身等），情緒也是一種我們可以「反映」的內容。你可以這樣說：「在一邊傾聽你所說的內容時，我也一邊感到緊張。不知道你是不是也有類似的感受？」或「遇到這個狀況，真的讓人感到緊張。」等。

❻對方說話後：好的提問，讓對方展開思考

先前提到，好的提問可以幫助一個人用不同的角度看待事情。好的提問在對話中，可以幫助我們更深入了解對方的想法和感受。特別是一些開放式的提問，而不是只能回答「是、否」、「對、錯」的封閉式提問。

正念傾聽需要時間練習，但在我們想變得「有言」，甚至想讓「有言」變得更具力量之前，這種傾聽方式會為我們立下好的基礎。畢竟，唯有當我們專注傾聽時，我們在說話時，也才有機會被認真聽見。

從豐富自己的生活，找到「無言」到「有言」的素材。接著，我們練習發言，提升溝通與對話的品質。不過，除了這些左腦的方法之外，還有其他方式嗎？讓我們來看看右腦解方。

右腦解方

找回自己的聲音

芳香療法的課程除了發生在明亮放鬆的療癒空間，現在也有許多企業的福委會，會邀請各領域的「放鬆紓壓專家」，來到工作場合幫同仁們上課。而我以芳療講師身分去上課時，為了破冰，有時會感受當天的天氣或環境氛圍，選擇一支香氣讓學員嗅聞，並且詢問大家對這支香氣有什麼「聯想」或「感覺」。

大多數時候，不管哪種香氣都能發揮有效的催化作用：或許是讓平時一起工作的同仁們開始交換意見，一組一組私下討論，猜測這款香氣到底是什麼來歷；要不就是會有幾位比較活潑的同仁直接舉手發言，分享在甜羅勒精油中聞到鹹酥雞，或者在薰衣草中聞到媽媽的洗髮精等生猛有力的香氣聯想。

然而，唯有少數幾次，邀約講座的工作團隊散發出濃濃的疲倦感與「凝滯感」，是連精油的香氣都無法撼動的。在發下香氣後，大多數人只是雙眼無神，甚至是迴避著我的眼神，希望我不要和他進行互動（有種回到大學課堂的感覺啊……）。

甚至某次我直接使出殺手鐧，每人手上給出一滴茉莉香氣，想用珍貴花香炒熱氣氛。但在我詢問安靜到不行的學員們「對這款香氣的感想？」，沒想到有位學員舉手對我說：「老師，可以不要再問我們對香氣有什麼感覺了嗎？精油聞起來都差不多，還能有什麼感覺？」

說實在作為一個旁觀者，每次在帶領講座時便能從同仁之間的互動、回饋，甚至是主管一起參與時大家的反應，看出組織的文化與特性，也能觀察到學員在組織互動中可能感受到的溝通壓力與挫折。

然而，這麼明明白白地表達出「我不想要分享感覺」，對當時的我來說還是第一次碰見。於是我立刻見招拆招，把課程內容即興調整，立刻進入紓壓按摩環節，並且趁著按摩教學時間，去把在座學員的脖子跟肩膀都捏了一遍。

在肢體碰觸與按摩的催化之下，課堂氣氛慢慢加溫，從冷凍庫慢慢化為溫室。然而，學員們的身體狀況不出我所料——每個人的後頸與肩膀都呼應著我在現場感受到的「溝通受阻」狀況，僵硬得宛如石壁一般。

進擊巨人的「後頸」，隱藏了真實的自己

二〇二三年底，紅遍全球的動漫《進擊的巨人》，播出了動畫的最終章。而在這個故事中，作為主要威脅者的巨人，唯一的弱點就在後頸部位——只要把這個部位用武器切開，就能夠讓只會暴飲暴食的「無垢巨人」化為煙塵，也能揭開故事裡非常重要的「真實」。

身為芳療師，當初在看到這個世界觀設定時，不免莞爾一笑，不禁猜想《進擊的巨人》作者諫山創，是否也從各大古老的療癒哲學中，觀察到「後頸」的重要性？畢竟頸部區域，確實跟我們的溝通、表達，也和展現真實的自我有關。

遵循中醫原則來養生的民眾，也會時刻保暖頸部（尤其是後頸），避免寒氣與濕氣入體。在阿育吠陀的觀點中，若是溝通能量受阻或者是生活的節律失調，也會導致脖頸處與肩膀的僵硬，甚至也會進一步造成甲狀腺相關的失衡。

頸部是身體氣血的關鍵通道。王維工教授在《以頸為鑰》一書中，也提到頸部的歪

斜，會妨礙血液從心臟輸送至大腦區域。所以若想過得耳聰目明，保持精神的清晰與警醒，就必須好好保養頸部的健康。

而現代人久坐的生活習慣，以及長期使用3C造成「低頭族」現象，都會對頸部造成不小的壓力。當頸部與後頸部位開始緊繃，不只會帶動肩膀部位的肌肉提起、呈現微微聳肩的姿勢，也會很大程度影響到呼吸的順暢。

讀者不妨嘗試看看，先進行一次正常的呼吸，觀察自己的呼吸深度，接著像是拎起小貓小狗一樣用手掌抓起自己的後頸，再進行一次呼吸。通常在揉捏或抓捏後頸時，便能感受呼吸深度的增加。

而從身心相繫的角度來看，緊繃的肩膀與「責任」息息相關。比如，中文裡常見「一肩扛起養家責任」、「成為有肩膀的人」，都指出了肩膀區域緊密連結著我們「承擔」的力量。當肩膀容易反覆受傷，或經常覺得緊繃痠痛，便是承擔過了頭，必須好好放鬆或放下，才不會耗盡心力。

根據我在教學現場的投票統計，感覺自己肩頸持續緊繃痠痛，並且壓力指數在七～十分的學員（滿分十分），比例一直都穩穩地保持在三、四成左右。若不去計算壓力指數，單純討論是否面臨肩頸緊繃的問題，比例可能會高達七八成。

當然，普遍的肩膀緊繃現象不見得直接指向過度累積的壓力，包含坐姿不正、缺乏運動，都可能造成肩膀緊繃或疼痛的主觀感受，必須在全方位的評估後才能評估兩者間的關係。甚至我也見過非常瘦的個案主訴肩部肌肉痠痛，實際按摩後才發現他的肩頸部位缺乏肌肉支撐，而纖瘦的肌肉束必須要持續支撐起頭部的重量，當然就會有過度疲勞而導致的痠痛問題。

此外，呼吸過於短淺，也會導致肩頸部分肌肉的僵硬。特別是在慢性壓力之下，身心為了長期保持在戰鬥狀態，會降低呼吸深度並提高呼吸頻率。如此一來，能讓交感神經保持高度運作，方便我們持續發揮續航力，卻也同時消磨掉了在放鬆狀態下才有的「耐心」。

肩頸區域的緊繃與情緒狀況的連結不容小覷。緊繃的肩頸會影響睡眠品質，導致精神低落，無法提起力氣維繫日常生活，情緒也容易變得暴躁。我們可以想像，如果長期處在肩膀痠痛狀況之下，勢必沒有辦法保持耐心，有效率地進行本章節由蘇心理師所建議的「資訊減糖」計畫。

那麼，除了按摩與使用香氣，來幫助自己維持肩頸的彈性之外，還有什麼其他的保健方式呢？

「放聲高歌」是非常有趣又有效的選擇。

發聲練習：聲音共振對身心的好處

家裡有養貓的朋友都知道，貓咪在梳毛、按摩，或者是等待很久終於放飯的時候，都會發出咕嚕咕嚕的呼氣聲（Purring）。而這種特殊的聲響，除了能夠幫助貓表達情緒之外，獸醫也推論咕嚕聲具有釋放壓力，甚至有促進骨質修護速度的潛力。

作為飼主，雖然並沒有辦法把貓咪當作低週波震動器放在疼痛患處，去感受呼嚕聲的療癒奇效，但聲音能夠帶來的療癒效果，確實超乎預期。比如，來自西藏與尼泊爾地區的頌缽（Singing bowl），便因為其充滿療癒力的聲響與振動頻率，受到許多人的歡迎。使用頌缽時，不只能夠享受聲音帶來的平靜，在特定類型的療程中，也會把頌缽置放在人體身上，透過敲擊時的震動，帶來共振的放鬆效果。

如果為了放鬆而想在日常生活中帶著頌缽隨處走，恐怕得花上不少心力。因此，我們也可以向貓咪取經，以身心相繫角度來進行逆向工程，透過聲帶所發出來的振動，幫助活化已經相當「無言」的溝通能量。

在許多古老的傳統文化中，部族中的人們經常聚在一起唱歌，維繫群體間的感情。甚至在重要的儀式時，會以純粹的聲響取代語言，表達直達天聽的情感。而現代人對於歌唱的「療癒力」也並不陌生，只要看看宣布颱風假後，各大KTV的包廂預約人潮，就可以略知一二。

而在印度的阿育吠陀療癒當中，不同部位的能量中心也對應到不同的聲響與聲音頻率。只要發出正確的音高，就能夠強化各部位的能量，並啟動相關的情緒機能。比如，許多人在瑜伽課程中，可能都聽過的「OM」，便是帶有神聖特質的元音，據說有令人回歸平靜與寧靜的作用。

不管你的歌聲屬於絕世天籟或者相對平易近人，都可以從持續的歌唱演練中感受到聲音療癒造成的變化。比如，強化免疫系統、增進肺活量、強化呼吸深度，甚至平衡萎靡情緒等，皆是高歌一曲後能夠獲得的好處。

當然，若要從歌曲屬性切入，並不是每一種音樂類型都適合用來進行發聲練習。比如，相對於節奏快的歌曲，節奏慢、且需要使用更多氣息來維持音符的曲目，更適合用來練習聲音的「穩定輸出」。而某一些高難度的歌曲，也可能對初學者造成太大的負擔。因此，如果你不知道該從哪首歌開始練唱，卻又想要擺脫無言情緒，並且同步透過深度呼吸來放鬆肩頸肌肉，那麼「母音練習」會是很好的開始。

所謂母音練習，便是從英語的A、E、I、O、U開始，搭配呼吸來進行：

❶ 找一個發出巨大聲響也不尷尬的空間，避免害羞或緊張的情緒影響發聲。

❷ 接著在緩慢且深層的吸氣後，將下巴與臉部肌肉盡量放鬆，用自己覺得舒服的音高，先發出一段「啊」的長音。練習的關鍵在於盡可能延長聲響的長度，並且注意音量與氣息的穩定輸出，避免聲音忽大忽小，也要注意自己是在舒服吐氣的狀態，盡量不要憋氣。

❸ 完全吐氣完後，深深地吸氣，再進行一次「啊」音的練習。共重複三次。

❹ 「啊」音結束後，再依序以深吸氣後發聲的模式，分別進行：「欸」、「伊」、「歐」、「嗚」的練習，每個母音進行三次循環。

完整的練習結束後，可讓自己維持一分鐘左右的靜默，最後觀察自己的呼吸與身心的變化。

看似簡單的母音練習，卻是初學者開始穩定呼吸，進而強化筋膜彈性的方法。然而，如果在過程中覺得頭暈、換氣不順，或者是有任何其他不適的症狀，請記得立刻停止練習，並且在下次練習時降低練習的強度。

在掌握了氣息的穩定度之後，也可以將母音練習結合在散步、健走，甚至是騎腳踏車的時候來進行。搭配輕度有氧運動時，發聲的難度會提高，但也能夠更加強呼吸的深度，同時穩定肩頸部位的肌群，減少消耗與疲勞。

當然，在歌唱或者進行發聲練習前，也可以透過以下「有言」香氣的指引，讓人更能夠把意識專注在呼吸上。

無言到有言的香氣

穗花薰衣草（Lavandula latifolia）

說到薰衣草，許多人想到的可能是南法普羅旺斯或者是北海道那整片嫣紫連綿的盛夏花田。而薰衣草氣味也是許多剛開始接觸精油的芳療新手，會選擇入手的品項。然而，需求量龐大且受到廣泛喜愛的薰衣草氣味，仔細區分仍有品種、甚至栽培種之間的差異。比如，氣味最甜美的真正薰衣草（Lavandula angustifolia），植株雖然矮小，但在眾多薰衣草品種中帶有最好的安撫作用。而佔據遊客視線與美照額度的整片花田，則大多為醒目薰衣草（Lavandula hybrida）或者其栽培種，在清甜花朵氣息中帶有淡淡的青草香。

而本篇要介紹的穗花薰衣草，則是以些許尤加利或白千層氣息為主，混搭清新的薰衣草花香。我曾在品香課堂中，遇到詞藻豐沛的學員在聞完香氣後，形容穗花薰衣草是「大學時期那個愛打籃球的帥學長」，可說是充分描繪了穗花薰衣草香氣中的直爽暖男性格。

穗花薰衣草對肌膚修護的效果極佳，可作為小範圍燒燙傷的急救解方，放在廚房中備用非常合適。若是加入日常使用的面部保養油中，也可以用來消除臉上的紅、腫、痛，以其「降火」屬性幫助平衡痘痘肌以及油性肌膚。

相較於其他品種的薰衣草，穗花薰衣草的植株形體非常挺立，在主莖旁會叉出兩段側莖，遠觀其開花時就像海神兵器「三叉戟」，因此可以聯想到其香氣就像「天降神力」，**鼓勵人們突破心防、勇於發聲，開啟真實且誠懇的溝通渠道。**

對應其「強化溝通」的作用，穗花薰衣草也有保養支氣管、呼吸道，乾化黏液並激勵免疫力的效果，幫助用來發聲與交流的喉嚨部位保持通透、清爽。對於長期處在忍氣吞聲、虛與委蛇，又或者是習慣逃避溝通的個案來說，穗花薰衣草就像溝通管道的「通樂」，能夠通暢阻塞情緒，使人暢所欲言。

最後，穗花薰衣草也很適合調和本章節提到的另一支精油「歐洲冷杉」，再加入基底油製成「聲如洪鐘按摩油」。**在需要歌唱、演說或者講課前，塗抹於喉嚨、手腕，以及靠近手肘內側的位置，就能幫助強化發聲力道，充分發揮聲音的續航力。**

穗花薰衣草的香氣冥想：

❶ 取出一滴穗花薰衣草精油，在手心搓開後，將雙手放置在喉嚨部位。肌膚敏感者可加入五十元硬幣大小的基底油稀釋後，再進行塗抹。

❷ 將意識專注在嗅聞穗花薰衣草的香氣上，並且閉上雙眼，將雙手放在喉嚨部位進行十個深呼吸，同時想像自己被淺藍色的光線包圍。

❸ 深呼吸過後，先誦念六次：「敞開。」接著再誦念九次：「傳達。」

結束後，觀察自己的呼吸與情緒，等到準備好的時候再將雙眼張開。

若是有任何想法或心得，可透過書寫的方式記錄下來。

歐洲冷杉（Abies alba）

過去在教授精油初階的課程時，總是會有幾位同學看著百餘種精油一字排開，就覺得一陣暈眩、滿頭問號。於是，直接化繁為簡，詢問我在茫茫精油海中，有沒有現代人最需要認識的前五大精油？如果要我以這個標準濃縮篩選條件，冷杉絕對有潛力拔得頭籌。

畢竟**現代人多半過勞氣虛，需要「通天接地」的能量來支持。樹形挺拔且氣味清新優雅的冷杉，能夠在能量上給予「屢敗屢戰」的鼓勵，也能夠幫助體內「氣」的流動，讓身心機能順暢且不費力地持續運作。**

而在諸多冷杉精油中，樹形成傘狀、宛如節慶賀卡上聖誕樹模樣的歐洲冷杉，則帶有「高貴」的氣息。若要比較香氣甜度，它雖然不是冷杉界的第一，但氣味上更有從傍晚森林深處傳來的清冷氣息，**適合用來在都市的繁忙生活中，打造「森林療癒」氛圍**。

所謂高貴，便是能讓人感受到自己在群體中被看見、聽見，同時受到重視。在我的個案使用經驗中，**如果遇到從小在家庭中受到忽略、冷落，或者是提出來的意見總是遭到否決，多半都能在歐洲冷杉的木質芬芳中體驗到大自然帶來的安慰。**

歐洲冷杉的香氣能夠平衡慢性的呼吸道與咳嗽問題，並且調理天冷時容易感冒、著涼的體質。此外，歐洲冷杉也能減緩疼痛，強化肌肉關節的健康，特別適合用在久坐後的腰痠背痛與肩頸痠痛，讓人不自覺如大樹般長期保持挺立的姿勢，也不覺得疲勞。

大多數的松科氣味，在情緒層面上都有擊退恐懼，激勵使用者鼓起勇氣、繼續向前的作用。冷杉雖然在松科精油中氣味屬性較為甜美，卻也能夠**讓那些過去曾在溝通、表達的過程中受過傷的心靈，能夠恢復信心，再次體驗溝通與交流的美好。**

另外，在溝通、表達中，也不見得只會遇到「不被傾聽」的挫敗感。有些人過去因為年少輕狂或性格直接，在談話中總是得罪人，直到年紀稍長後突然意識到自己在與人交流的過程中已犯下「深重罪孽」，決定保守行事以避免再次禍從口出。

謹言慎行當然是好事一樁，也避免想從「無言」狀況跳脫的朋友一下子衝太快，沒拿捏好界線而變成「失言」。但若是因此**變得不敢說話，或者是找不到適當的語言來表達，歐洲冷杉也能以貴族般的香氣點化糾結心靈，避免罪惡感矯枉過正，讓幾句失言成為自我噤聲的開端。**

歐洲冷杉的香氣冥想：

❶ 取出一滴歐洲冷杉，塗抹於喉嚨、胸口、耳廓。肌膚敏感者建議另外加入五十元硬幣大小的植物油（橄欖油或荷荷芭油），將調和的植物油塗抹至手臂內側位置。

❷ 閉上眼睛，將雙手十指交扣，並將手掌朝天向上延伸，肩膀保持垂下，手臂在舒服不勉強的前提下盡量靠近耳朵，在這個位置進行五個深呼吸。

❸ 接著，把一隻手掌放於喉部，另一隻手掌則放在後頸位置，一邊感受手掌的溫度，一邊進行五個深呼吸。

❹ 最後把手掌輕輕蓋在耳朵上。如果你有想要表達的觀點、意見，可以小聲默念，並感受到耳朵所聽見的回聲。如果你沒有什麼特別想說的話，只是想調整「沒辦法好好傾聽」的情緒狀態，也可以進行我們前面提到的母音練習。重點是把注意力放在「聽見自己的聲音」。

發聲練習完畢後，將手掌持續放在耳朵的位置，進行五個深呼吸，再以自己的節奏睜開眼睛。

有言的按摩：脖頸與肩膀

頸部與肩膀的按摩，能夠卸下在溝通中持續累積的壓力，確實是對於不擅長處理人際關係，或在對談中容易累積壓力的人來說，很重要的紓壓開關。然而在按摩頸部時，必須注意以下守則：

❶ 頸部前側正好有頸動脈經過，如果施力不當不只會影響供血，對於已經處在三高問題的個案來說，也可能對心血管健康造成壓力。頸部前側肌肉也比較脆弱，是完全不建議「用力按摩」的位置。建議可將精油調製按摩油後，輕柔塗抹即可。

❷ 頸部後側的肌肉相對較為強韌，但也不建議按摩用力過猛，避免造成暈眩的問題。

❸ 年長者的頸部肌肉通常較為無力，即便主觀的痠痛感受發生在頸部，也建議先從肩膀肌肉開始疏通循環。重點是在感受到肌肉手感比較鬆軟的時候，再循序漸進、加強力道，千萬不要一開始就「下重手」，以免紓壓不成，反而造成額外的傷害。

而在脖頸與肩膀部分的按摩，我們可以用簡單的「人」字手法來進行疏通。

❶先將五滴穗花薰衣草與五滴歐洲冷杉調和於十毫升的荷荷芭油後，再取出三～四滴的按摩油於雙手掌心搓開。

❷右手的掌心服貼在左側的脖子，沿頸部緩慢下滑至左側肩頭。除大拇指外的其餘手指頭可以略為加壓，就像攀附於懸崖邊緣般，強化肌肉梳理的效果。

❸接著左手採取同樣方式，緩慢且深入地按摩右側的脖子以及右側肩膀。

❹雙手以「人」字筆畫，進行十個按摩循環。後側按摩完畢後、冉進行前側按摩（肌膚乾燥者記得補充一些按摩油）。

❺前側頸部肌肉由於較為脆弱，可盡量降低手指的壓力，改為輕柔服貼的按摩即可。

❻右手再次從左肩頭，從前側輕柔的沿著鎖骨來到左邊脖子的前側。

❼接著左手以同樣方式，從右邊肩頭沿著鎖骨，輕柔按摩至右邊脖子的前側。

❽雙手以逆「人」字筆畫，進行十個按摩循環。過程中保持深呼吸。

❾最後將手掌交疊，放置在喉嚨的位置，進行一分鐘左右的靜默。

CHAPTER

6

無夢到有夢

敢 作 夢

重新找回做夢的力氣與勇氣

自我檢核：

- □嘲笑那些還在說著「有夢最美」的人，對此感到不屑
- □厭世、憤世嫉俗的感受（對世界、對社會有各種情緒，卻苦無出口）
- □覺得世上沒有「真實」的存在
- □有精神上的潔癖

為無夢找成因：懷抱夢想是有成本的

「每一個夢都起源於第一種力量（欲望），但受到了第二種力量（意識）的防禦和抵制。」

——《夢的解析》，佛洛伊德

來到了本書最後一個無，我們來談「無夢」。不敢做夢，是因為累了。不願作夢，是因為害怕期待，以及隨之而來落空導致的傷害。真要說，「無夢」和這本書討論的所有「無」一樣，背後都是出於某些（過於）務實的原因。

做夢、有夢其實也是一件很累的事。為了有夢，你得花力氣「構思」夢想。你得不斷「檢驗」你的現況與夢想之間的差距。同時，在發現差距之後，你還得思考如何「拉近」兩者之間的落差。此外，在意識到落差存在時你可能會：

❶ 自覺此落差無法拉近，因而感到心累。

❷ 發現落差其實是可以透過努力而拉近，但就真的要「非常」努力，因而感到心累。

看來，有夢的後果不管怎樣，心都會累。所以，「無夢」可以被理解為一種自我保護的方法，保護自己可以不用面對心累、面對失落的選擇。

不管出於什麼選擇，當我們變得「無夢」時，看到別人還在追夢，會變成一種提醒：唉呀，我們已然無夢了。這也使得許多無夢的人，在看到那些「還願意有夢」的人時，心中不禁嗤之以鼻：「醒醒吧！」、「你很快就會被現實給打趴了！」的原因。

長久之後，這種狀態會讓人變得憤世嫉俗。拆解「憤世嫉俗」這四字後，我們會得到一種複合式的感受：表層看來是羨慕、是嫉妒、是憤怒，但深層的部分，其實與這本書曾討論到的許多「無」都有關係。憤世嫉俗其實正是無力、無感、無意、無我與無言的複合感受。所以，在本書即將來到尾聲之前，用「無夢」這個狀態來做為收尾，或許是不錯的安排。

左腦解方

自我設限

在心理系的課程中，我學到了一個十分受用的概念，稱為「自我設限」（self-handicapping）。我更喜歡這個專有名詞的直譯：「自我跛足」，也就是讓自己變得跛足的意思。

「自我設限」意指，人們會在有意無意中，做出（潛在）破壞自己成功機會的行為。好比說，明天就是期中考了，但我們會刻意選在考前的晚上和朋友出去狂歡。為什麼呢？因為這麼做，面對可能發生的「失敗」——也就是搞砸期中考——我們就有了「現成」的藉口可以使用，我可以光明正大的說：「唉呀！就是因為我考前和朋友出去狂歡，所以我才會搞砸期中考的！」

其實**本書提到的許多「無」的背後，和自我設限一樣都是為了「保護自我」**。在剛剛的例子中，要一個人坦然承認「我其實不聰明、我是個不願意努力的人」，這可是非常威脅到自我認知的。所以，為了讓自己「自我感覺良好」，自我設限是十分有效的作法。

某種程度來說，不敢做夢、不願做夢跟自我設限很像。我們「放棄了」做夢，可以讓我們處在一種狀態：雖然這種沒有夢的狀態其實不是「很舒服」，但與「做夢需要付出的代價」相比，卻也可以說是「不舒服地讓人很舒服」了。

從「無夢」到「有夢」，要能再次找回做夢的能力，關鍵的第一步是：「承認。」（acknowledge）承認自己的無力、無感、無意、無我與無言，這些「無」是為了自我保護。捨棄那些重要的什麼，好讓自己的內在可以少受到一點衝擊。不管這些衝擊是源自於「現實就是這麼讓人無能為力」，還是「其實現階段的我就是做不到」等等。

除了承認我們有這些「無」的感受之外，我們還得練習承認，這些「無」背後的成因之中很大一部分，其實跟自己有關。當我們承認這樣的現況時，我們就可以不用再期待他人來拯救自己，幫助自己變得有力、有言、有夢。

在心理萎靡的狀態下，許多人會把決策權交給他人，心中期待著他人來做些什麼、來解救自己、來改變現況。承認就是一種清楚的看見，並且試著勇敢地把選擇權還給自己。其實，我就是那一個可以做出改變的人。在「做自己」的章節曾提到，這就是負責。「正視自己其實握有責任」這個事實，雖然有點沉重，卻是我們找回力氣的良方。

在做夢之前，準備好「希望」的火種

如果說「夢」是我們前進的方向，那在我們一邊找回做夢力氣的同時，也可以一邊思考的是：如何一起把醞釀夢想的能量準備好，讓這股動能在未來對的時機有機會迸發。在正向心理學中，希望感理論（hope theory）提供了一個不錯的參考架構。

還能「懷抱希望」可能是一個人仍願意做夢的展現。但「希望」到底是什麼意思？根據心理學家查爾斯．理查德．史奈德（Charles Richard Snyder）的觀點，希望是三個概念的合體，分別是：

目標（Goal）：我希望什麼事情發生？

路徑（Pathway）：我能否設法找到不同方法，以至於實現這些希望？

動力（Agency）：我是否真心相信自己可以做出改變、勇往直前，好讓目標實現？

與大家所想的可能不一樣，希望不只是「希望某事發生的 Fu（感覺）」而已，更是一個人能否將期待具體轉化為「目標」，並找出具體且多條「路徑」來幫助自己靠近這個目標；同時，在有目標、有路徑時，也要有勇氣、力氣與動力，能推著自己朝目標繼續前進。一個完整的「希望」之中，是「目標」、「路徑」、「動力」三者不斷互相強化的狀態。

仔細看，其實目標內的三個元素，也與我們能否有夢息息相關。

目標：我的「夢」是什麼？

路徑：我有哪些實踐夢想的不同路徑？如果這條路有阻礙，我能找到另一條路嗎？

動力：我有做夢的勇氣與力氣嗎？當我沒力氣、失去勇氣時，我如何自我激勵？

持續培養「希望心態」，我們就更可能保有做夢的能力。具體來說，不管你在本書討論各個「無」的時候，學到了哪些想要練習的素材，或者是希望自己前進的方向，我們都可以透過目標、路徑、動力這三個元素，把抽象的夢或者是希望，轉變成三類具體而務實的下一步。

❶ 把夢想變成具體的目標

不管目標是短期或長期，是一段話（「我想在30歲前完成基本理財規劃」），還是一個畫面（「我在自己理想的工作環境中專注工作」的畫面），把夢想具體化是重要的。目標是否具體，可以這樣判斷：當你把你的目標說給別人聽、別人在聽完之後，就可以直接替你執行你的目標，而且你也知道對方執行完之後，是否有確實達成。

❷ 培養路徑思維

把夢想變成具體目標之後，進一步思考：從「現況」到達「目標」，有哪些可能的路徑？如果目標太大，就先讓自己到達「更靠近」目標一點的地方做起。同時，在出發之前，先問問自己：

「如果我覺得最可行的一條路被封住了，我還可以怎麼走、怎麼繞路、怎麼找到第二條路，讓我一樣能達到那個目標？」

「如果在某條路徑遇上了阻礙，此刻我預期阻礙會怎麼發生？」

「面對這個預知可能會發生的阻礙，我如何事先排除？或可以事先做點什麼嗎？」

在閱讀商管相關書籍時，你可能會看到「事前驗屍」（premortem）這個概念。有別於事後驗屍——等到計畫出錯，再來檢討原因——事前驗屍強調的是，在真的執行計畫之前想像，如果這個方法失敗了，背後的原因到底是什麼？我們可以在行動前就把疑慮或擔心整理出來，早點面對。

❸ 保持動力

動力是指我們「相信」，在堅持與努力之下，沿著你所確信的道路穩步前進，最終將實現自己的目標。在不敢做夢的狀況裡，這或許是心理萎靡者最早「不見」的能力。

不過，在目標與路徑的輔助之下，我們會比較「敢於」持有這種相信。在遇到阻礙時，路徑思維鼓勵我們換一條路、試著排解困難，而不是直接放棄。如之前在討論無力感時提到的行為活化概念，再一次次的實踐與行動中，我們會愈來愈「敢於」相信。

在你的優勢之處，找到自己的勇敢

在某些時刻，我們會比平常的自己「更有能量與力氣」，心理學家發現，這種時刻通常發生在一個人有機會展現自己先天的優勢之時。當我們能發揮、善用自己的優勢時，因為展現優勢帶來的力氣，會讓我們更勇於做夢，也更有力氣多方思考可以靠近夢想的各種途徑。

不過很可惜，並不是每個人都知道：其實我們每個人都能擁有這樣特別有力氣的時刻，因為我們每個人都有一些專屬於自己的優勢組合。

在我們的文化中，我們比較常被鼓勵去留意自己的不足、缺點與劣勢。比較少人鼓勵我們反過來思考：在哪些時候，你的表現特別好？和個案工作時，我說這是一種「吃了無敵星星」的狀態。在無敵星星時間，你展現了哪些優勢？在左腦解方的下一部分，讓我們一起練習把自己的優勢找出來。

正向心理學家把上面描述的概念稱為「優勢」（Strengths）。研究優勢的關鍵心理學家克里斯・彼得森（Christopher Peterson）和馬丁・賽里格曼（Martin Seligman）認為，**「每個人」都有自己與生俱來的優勢特質。這種個人心理強項，是幫助我們把人生過得更豐盛、更幸福的基礎。**

不知道你是否還記得，心理萎靡狀態的反義詞是心理繁盛（flourishing）？**正向心理學家認為，當一個人能發揮自己特有的優勢時，我們會更容易感受到快樂與幸福；而這種幸福的正向狀態，更利於未來的自己繼續展現這些優勢。這樣繼續交織發展下去，就是一個人來到心理繁盛狀態的關鍵原因。**

優勢理論中提到了二十四種優勢。每個人或多或少都擁有這些優勢，但當中一定有其中幾個優勢，是我們自然而然就可以展現出來的。在與個案討論個人優勢時，我稱這種優勢為「招牌優勢」。讓我們初步來認識這二十四種優勢是什麼：

❶ 第一大類優勢：智慧與知識

好奇心：你對各式經驗保持開放的態度，喜歡提問、探索事情背後的原理。

熱愛學習：你喜歡學習新事物，即便沒有外界的誘因，仍享受這樣的過程。

判斷力：你不輕易下定論，擅長從不同角度來檢視事情，提出高品質推論或結論。

創造力：你善於以新的、特有的觀點去看待大家熟悉的現象，並從中找到後續延伸與應用的可能。

社交智能：你擅於理解別人的動機和感覺，並根據這些所知，採取合適的行動。

智慧：別人時常找你商討事情，因為你有經驗與歷練，提出的見解常可幫到他人。

❷第二大類優勢：勇氣

勇敢：面對威脅、挑戰、痛苦或困難時，你不輕易畏縮；即便感到害怕，仍能展現理智或情緒上的堅持。

毅力：你有始有終，說到做到，在實踐的路上是務實而有彈性的。

誠實：你是不虛假的、真誠的，包括對自己，也包括對別人。

❸第三大類優勢：人道和愛

仁慈：你對他人十分友善與慷慨，把他人的利益放在自己之前。

愛與被愛：你很珍惜自己與他人的親密關係，並確保自己能好好經營這樣的關係。

❹第四大類優勢：正義

團隊精神／忠誠：你能成功扮演好團體中賦予你的角色，你是忠誠與投入的。

公平：待人處事時，你力求公平，依道德標準行事，並且盡力不讓自己的偏見影響你的決策。

領導力：你擅長組織活動，有效率的帶領團隊朝著目標前進。

❺第五大類優勢：節制

自我控制：你能有效管控自身的欲望、需求和衝動。

謹慎：你做事是嚴謹的，不說、不做任何會使自己後悔的事，能抵擋衝動。

謙虛：你不尋求他人注意，努力經營自己，讓「成就」替你說話。

❻第六大類優勢：超越

感受美的能力：你能從萬物中看見並欣賞美、卓越和任何超群的存在，不管是自然、藝術，還是科學。

感恩：你能意識到發生在自己身上的好事，不將之視為理所當然，並時刻保持與表達你心中的謝意。

樂觀：你能對未來帶著正向預期與憧憬，並以這種信念過日子。

靈性：你對於「更大的存在」有所感受，不管是宇宙、宗教，抑或是靈性，對你來說是深具意義和目的的。這些概念影響你的行為，也提供你慰藉。

寬恕：對你來說，原諒並不難，你願意再次給他人機會。

幽默：你擅長看見歡樂、看見世界的光明面，也喜歡把歡樂帶給大家。

保有熱忱：你是個能量電池，充滿熱情，對你來說全心全意投入你在做的事並不難。

為了幫助自己找到你的招牌優勢，讀者不妨花點時間：

❶ 瀏覽過上述定義後，依據直覺挑選五個你覺得很適合用來形容自己特長的描述，這很可能是你的個人優勢。

❷ 找一位你熟悉的家人或朋友，請他幫你選出他眼中的你所具備的優勢。

❸ 更推薦的作法是，到賓州大學正向心理學的 VIA 個人優勢測驗網站進行完整的心理測驗評估。

掃瞄 QR Code。進入網頁後，點選「Select Language」，選擇切換至「繁體中文」，進行註冊。而後可找到「問卷」選單，點選 VIA 個人優勢測驗，即可進行填寫與免費分析，填答後可由系統分析，依序看到你個人最明顯的五個優勢。

擦亮你的招牌優勢

在找到你的招牌優勢之後，我們來試試看把「優勢」和「希望心理學」互相對話。事實上，在你「有夢」的路上，你的招牌優勢正是陪伴你繼續往下孵夢、造夢，乃至於實踐夢想的最佳夥伴。以下引導，我先以第一項優勢「好奇心」為例，讀者可將這樣的引導同樣應用在你專屬的個人優勢上，透過優勢讓希望更明亮。

❶設定目標：

一個「很有好奇心」的人，會怎麼看待這個夢想或目標？

他會問些什麼？

他會建議這個目標可以如何微調嗎？

在實踐目標的過程中，我可以做些什麼事情，讓這個夢想或目標能「多一點好奇心」的成分？

❷**路徑思維：**

在實踐這個夢想或目標時，「好奇心」能幫上什麼忙？

在實踐這個夢想或目標時，「另一個非常具有好奇心」的方案會是什麼？

❸**保持動力：**

當我在實踐目標的路上累了、倦了或出現擔憂時，「一個很有好奇心的人」會提供我什麼建議？

請戴上一副「充滿好奇心的眼鏡」來看待目前的狀況，我能發現哪些跟事情有關的線索嗎？

這些線索如何再透過「好奇心」來面對與處理？

以「好奇心」的角度出發，我可以送什麼禮物給自己，好提醒自己勿忘初衷，別忘了自己這項優勢？不管是實際的禮物、一本書、一部電影、一首歌……都可以。

我可以到哪裡走走、做些什麼事情，替自己的「好奇心」優勢充電？

❹**綜合應用：**

在你心中，最具「好奇心」的典範人物是誰？

同時，你想到有哪些人具備的優勢跟你類似？

如果今天可以和這些人物們一起共度下午茶時光，和他們聊聊你在實踐夢想的路上遇到的困境，你覺得他們會給你哪些建議？

他們會鼓勵你多做些什麼、少做些什麼、改做些什麼嗎？

在《發現你的天才》（*Now, Discover Your Strengths*）一書中，馬克斯．巴金漢（Marcus Buckingham）提出一個幫助人們發現個人優勢的 SIGN 模式，他認為在我們發揮個人優勢時，會出現以下幾種感覺：

自我效能（**Self-efficacy**）**：**我們感到自己是有效能的，對於能有機會發揮這種優勢的任務感到有信心。

本能（**Instinct**）**：**在發揮優勢時，你會覺得展現優勢的過程是很自然的，你甚至迫不及待開始做些什麼。

成長（**Growth**）**：**當你在發揮優勢時，你會因為投入而專注，因而讓自己有所成長。

滿足（**Needs**）**：**在發揮優勢之後，你仍會感到疲勞，但內心卻感到滿足。

當我們有機會發揮個人招牌優勢時，SIGN 模式描述的感受，確實會帶給我們滿滿的動力，讓我們更有力氣去「有夢」。

不過，在某次和個案討論個人優勢時，個案提問：「那些我們不擅長的優勢，有可能協助到我們嗎？」真是個好問題，我的想法是：我們不擅長的優勢，其實也是我們口袋裡的工具。招牌優勢之外的優勢，並不是「全有全無」的，而是我們比較陌生、比較不熟悉，與不擅長的（不管出於怎樣的原因）。

在你發現自己的招牌優勢有點「卡關」，無法直接提供你更多新的想法或激勵時，不妨「往下」參考其他不是你招牌優勢的優勢，特別是你最不擅長的優勢。很多時候，在我們最陌生的地方，可能藏著許多我們沒想過的力量與觀點，正等待著我們去挖掘。

最後在左腦解方，我們整合了希望感理論與優勢理論，透過這兩股力量幫助我們把抽象的夢想變得具體。本來懷抱夢想而需要面對的「差距」（現實與夢想的差距），也透過希望感理論的路徑思維、優勢理論提供的線索，而讓「有夢」變得沒那麼可怕或沉重。

緊接著來看看，針對心理萎靡中的無夢現象，又有哪些值得參考的右腦解方呢？

右腦解方

老話一句：回到當下

獨立搖滾樂團「草東沒有派對」曾在〈爛泥〉一曲的副歌中，以沙啞嗓音高唱：「我想要說的／前人們都說過了／我想要做的／有錢人都做過了／我想要的公平都是不公們虛構的」雖然這已經是二〇一六年的歌曲，但歌詞中傳達出來的萎靡無力感，卻仍然發生在各個生活場景中。

無夢的原因有很多，但大多都是來自於「無法想像」與「動力不足」。要解決「無法想像」的問題，在本章節的左腦解方中提供了很多不同的切入角度與思考架構，很大程度上能幫助讀者慢慢整理自己的期待，清晰建構目標。但要處理「動力不足」問題則是另一大工程，因為在實踐夢想的道路上面若是缺乏動力，除了要檢視自己的情緒，還得好好關注自己的身體。

在設定目標後，最重要的就是必須「身體」力行，因此身體狀況的平衡與否，會決定實踐夢想的續航力。想到照顧身體，不外乎是「吃得好、睡得飽」兩個關鍵指標，雖然看似簡單，但行文至此時也想問問讀者：「你最近睡得好嗎？」

每個人多少都有睡眠不足或睡眠品質欠佳的經驗，除了主觀的疲累感受，睡眠不足到底會造成什麼後果呢？二〇一二年的一項研究指出，每天睡眠低於六小時是造成工作倦怠的關鍵風險因素。睡眠時間過短，也會造成判斷力、反應力，甚至情緒控管能力下降。甚至有研究把睡眠缺乏比喻為「酒駕」，可見「睡不飽」堪稱舉世皆然的公衛危機。

缺乏充足的睡眠，也會影響學習能力。科學團隊針對美國的青少年進行研究，發現青少年們睡得越少，他們的自尊心與成績就越低落，而憂鬱相關症狀出現的比例則越高。簡言之，若是缺乏睡眠，就會造成萎靡心態，兩者關係密不可分。

雖然許多人可能都知道缺乏睡眠的害處，也很積極想要多睡一點，把累積的睡眠債補回來，卻又發現躺到床上總是輾轉反側睡不著，長期受「失眠」狀況所苦。造成失眠的成因非常多元，也有許多不同的治療方法，而在日常生活中若是能夠平衡晚睡不運動的作息，並調理久坐久站造成的「血瘀」體質，對於提升睡眠品質將大有幫助。

要有夢，就要「動」

所謂「血瘀體質」，在中醫理論中便是血液循環不夠好而產生的鬱滯現象。血瘀在生理上會呈現出肌肉僵硬、肩頸緊繃，或者是身體各部位出現不明且反覆發作的疼痛。在心理上則容易產生心煩、健忘的狀況，也會受到缺乏動力的停滯感所苦。

要確實地進行體質判斷，必須在專業中醫師的診斷下進行。然而，若是從症狀層面來看，血瘀體質在情緒層面上造成的影響，確實和「無夢」的狀況非常接近，那要如何平衡血瘀的狀況呢？我想從某個在田裡勞動的經驗說起。

二〇二〇年疫情已開始在全世界肆虐，而當時的台灣仍在嚴格的邊境控管政策下，維持每日「加零」的表現。那一年的員工旅遊，我與公司同仁們一起到了台東的「非零農場」，進行了三天兩夜的「農藝治療」。

對於當年案牘勞形、缺乏運動的我來說，一開始得知員工旅遊竟然要進行農務勞動，可說是意料之外。而在三天的旅行中，我們白天整土做畦，晚間則是早早擦按摩油入睡，三天下來最大的收穫，除了欣賞台東座山面海的自然之外，長期失眠的同事更是驚訝：「欸！怎麼睡得這麼好？」

適度運動能夠改善失眠問題，這是許多人都知道的保健常識，若是能夠搭配好山好水的加持，以發揮「森林療癒」的好處，更是能舒緩壓力、強化免疫力。一言以蔽之即是有運動很好，但若是能夠離開城市，回到自然當中運動，效果更好。

我在與個案交流的過程中也發現，許多人抱持著「多動好入眠」的期待報名了健身房課程，卻不見得在每一種運動中都能得到放鬆身心的效果，甚至在運動過後發現自己變得更加亢奮，反而影響到了睡眠。而在這種狀況之下，若是在運動過程前後引進「森林元素」，如把運動場域直接移轉到靠近自然的戶外，或者是在運動前後加入精油的嗅聞與塗抹，通常都會提升舒緩與鎮定的效果。

當我們透過運動、自然，以及香氣的加持，慢慢的調整晚睡、不動所造成的血瘀體質之後，就可以在有力量的狀態下，回過頭來進一步確認：若想要「有夢」，到底還需要達成哪些條件？

在當下裡覺察

在印度阿育吠陀的養生哲學中，掌管我們有沒有能力「做夢」（無論是生活的目標或是睡眠時的夢境）的能量中心，就坐落在眉心的位置，也稱之為「第三隻眼」。既然稱之為「眼」，就代表有夢與「看見」有關——有沒有機會實踐「夢」的關鍵，就在於能不能把想達成的目標「視覺化」（Visualization）。

在開啟第三隻眼的冥想中，只是想像自己「達到目標」是不夠的。我們必須要鉅細彌遺的觀想自己在實踐這個夢想時，到底出現了哪些關鍵要素，來幫助自己走到這一步。我們也可以透過前面幾章「從無到有」的歷程所對應到的「關鍵字」，來幫助我們盤點各種的要件。

舉例來說，許多人都期待自己「功成名就」，但如何完成目標，達到功成名就的境界呢？我們可以依序盤點：

無力到有力——敢相信：哪些資源可以幫助自己達到目標？或者是我期待自己累積什麼樣的資源，來讓自己活得更有安全感？

無感到有感——敢有感覺：什麼樣的做法會讓自己覺得新鮮、有趣、有創造性，「有感」到讓自己不做不行？

無我到有我——敢做自己：為了達成目標，我們應該成為什麼樣的「自己」？我們是否仍有能力、技術，甚至是心態上不足，需要進一步克服？

無意到有意——敢脆弱：我是否願意說出需求，並且讓其他人給予幫助，創造連結並且開發團體合作的可能？

無言到有言——敢說敢聽：我是否願意宣告我的夢想，說出我對「功成名就」的具體想像，並且納入其他人的想法，讓自己的目標更踏實？

若是能夠一步一步，藉由前面五章所討論過的議題，把抽象的目標實體化、視覺化，並且意識到自己的失衡與缺乏，除了能夠專心致志的「無夢變有夢」，讓目標不再淪為空談，也能按部就班地學習如何進行眉心這個能量中心的關鍵字——「覺察」。

所謂「覺察」，是從不同的層次與角度切入，並且持續關注周遭環境、內在情緒，甚至是身體狀況之所以產生各種現象的背後原因。比如，在週一晨會突然一陣煩躁，究竟是沒吃早餐造成的低血糖？還是會議時間太長影響到工作進度所造成的焦慮？還是你骨子裡已經對這份工作毫無興趣，卻遲遲等不到跳槽的動力與時機？

只要看見原因，就有機會面對與處理。雖然覺察後的真相不見得是單選題，更可能是多種原因的累加重疊，「各個擊破」的難易度與所耗費的心力也有所不同，但「看見」確實是不可或缺的首要之務。

若要看見，就得要有「凝視」的餘裕與時間。對於剛開始練習覺察的初學者來說，必須在日常生活創造各種空拍，來讓自己有停下且反芻的機會。就像在疫情期間，遠距或居家工作成為常態，許多人都會採取「番茄鐘工作法」，在工作一段時間後強迫自己休息，進而提升工作上的專注力。生活中也得要有空拍的時間，才有機會在高速運轉的生活模式中覺察。

在傳統的觀點中，開啟眉心能量中心最好的空拍就是「冥想」。比如，早上起床過後給自己十分鐘的時間，在靜坐中沉澱自己；又或者是睡前透過冥想，整理一整天的思慮與情緒，都能夠幫助眉心能量順暢運作，讓人能夠更清晰地追尋自己的目標。

然而，每天冥想對自我覺察雖然有幫助，但根據我過去在課堂中與學員交流的經驗，若是缺乏適當的帶領，對忙碌的現代人來說，確實難以掌握冥想的要領。因此許多人也會尋求其他的療癒方法。比如：自由書寫、曼陀羅繪畫，或者舞蹈與身體律動的「動態靜心」，都是跳脫兩點一線的生活型態，對當下更有感受的好方法。

在身體上，也有許多能夠幫助我們按下暫停鍵的能量開關，其中最重要的兩個部位，就是「眉心」與「耳朵」。

鎮定靜心的反射區

說到按摩，許多讀者的想像或許還是「頭痛醫頭、腳痛醫腳」，覺得哪裡感受到緊繃，理所當然就得請出按摩師或用自己的雙手在該區域加強處理，才能真正緩解糾結的肌肉與疼痛。當然，在疼痛點進行舒緩的手法確實有其效果，而疼痛處被觸碰所帶來的各種安心與幸福感（請見第二章），也的確具備止痛的效果。

然而，隨著許多物理治療師或按摩師越來越了解人體結構的奧妙，他們也開始把筋膜的概念加入療程中，從整體平衡的角度思考導致疼痛的起始點。因此會出現類似肩膀疼痛時按摩臀部，或者膝蓋緊繃得從足弓調理的治療策略。

此外，反射區的概念也經常被應用在按摩的療程中，其中最常見的便是足底反射區與耳朵反射區。許多人應該都有在腳底按摩時，體驗到按摩特定部位的痠痛，這時按摩師還會適時補上一句：「這裡是肝！」、「那裡是腎！」告訴你足底的椎心疼痛，其實和特定臟腑的機能失衡有關。

足底反射區的概念便是把人體「投影」在腳上，並在按摩時用疼痛作為訊號，指出沒有被好好照顧的身體部位。相對的在特定反射區按摩，也能透過身體部位的刺激，回傳修復訊號給特定部位。

而「耳朵」的反射區，同樣也是用人體投影的方式，將耳朵看作倒過來且蜷曲身子的小嬰兒。如此一來，就能對照出耳垂部位對應的是頭、外耳廓對應到脊椎，而耳朵內側部位則是對應到各種臟器與組織。

因此，在日常生活中經常按摩耳朵，以反射區的觀點來說，便是隨手就能養生保健的妙方。肯園的溫佑君老師老師也曾提出「芳香耳塞」的概念，操作方法是將精油稀釋成按摩油後滴入兩顆棉球，接著再將棉球置放在耳廓部位（切勿塞入耳道中），讓精油香氣能夠在耳朵反射區發揮療癒作用。

若是從安神靜心的角度來看，完整按摩耳朵能夠幫助身體的能量疏通，其中對應頭部的耳垂更能幫助躁動的思緒穩定下來。因此在靜心冥想之前、需要拋開混亂思緒、或開始進行工作的時候，可以搭配適當的按摩油塗抹且按摩耳垂，讓腦袋更加清晰。

除了耳朵之外，另一個靜心開關則是「眉心」。眉心之所以能夠發揮鎮靜效果，同樣也是來自於反射區的概念。我們可以將人臉視為「螢幕區域」，若將去除兩條腿的人體投影上去，對應到頭部的位置正是眉心。

眉心位置的應用不勝枚舉。比如，在印度阿育吠陀的按摩療法中，就有一種「滴油療法」（shirodhara）。其作法是將一壺藥草油，懸掛在平躺於床上的個案額頭上，油壺下方設有導管將藥草油滴在額頭上、順著頭頂流下。

乍看文字敘述，或許會覺得單純滴油真的有靜心效果嗎？二〇一八年我在印度第一次體驗滴油療程前，也對眉心滴油的靜心作用感到懷疑。但實際躺上床後油管一開，不到三分鐘我就進入了非常深沉的睡眠，醒來後甚至有種「微醺」的放鬆感，足見眉心部位靜心的效力。

若是在開發覺察能力時，發現自己沒辦法靜下心來享受生活的空拍，便可以將眉心與耳朵區域的按摩加入準備的工序，並搭配讓人「有夢」的兩款香氣，開啟一趟覺察自我的旅程。

無夢到有夢的香氣

高地牛膝草（Hyssopus officinalis decumbens）

高地牛膝草是牛膝草（Hyssopus officinalis）的變種，生長區域海拔較高，植株較為矮小，遠看雖長得像花形俐落的薰衣草，氣味屬性卻大有不同。

在生理層面上，高地牛膝草的氣味與尤加利或迷迭香相近，香氣的層次卻更加細緻，能夠溫和滋補免疫力低下的問題。特別對於呼吸道敏感、長期受鼻涕與多痰所苦，又或者是經常出現口角皰疹的體質而言，可說是大有裨益。

具有多元芳香分子的高地牛膝草，也能優雅化解與情緒緊密相連的呼吸系統問題。比如，過去曾有個案感冒後久咳不癒，在與他討論過後發現這些呼吸道的症狀，經常出現在他必須和另一半溝通某些重要卻難解的議題的時刻。在這種狀況之下就很適合使用高地牛膝草化解恐懼，幫助吐露真心。

高地牛膝草也很適合長期受家庭或長輩期望制約，沒有辦法獨立發展自己夢想的人使用。尤其對那些行為模式中帶有過往父母管教痕跡，經常畏首畏尾、擔心自己永遠不能符合家長期待的「老小孩」，高地牛膝草能幫助破解緊鎖眉心能量區域的「緊箍咒」，讓人大膽嘗試，即使「觸犯天條」也不心驚。

而在上述身心作用之外，**高地牛膝草的通透香氣，也很適合幫助發展直覺。**過去我曾參加過一堂大型的精油訓練課程，講師便是以高地牛膝草的香氣作為媒介，建議學員在按摩前將高地牛膝草塗抹在掌心，已讀取身體所傳達的更多「言外之意」。

而自詡麻瓜的朋友也別擔心，在日常生活中多多使用高地牛膝草，其香氣無論如何都能幫助保持專注，讓人不在龐雜訊息中囫圇吞棗，同時維持去蕪存菁的判斷力，積極培養「有夢」心態不動搖。

一般牛膝草的精油當中含有高濃度的「單萜酮」，對孕婦、哺乳媽媽以及嬰幼兒來說，可能會對神經系統造成負面影響。然而，高地牛膝草的香氣中具有神經刺激性的芳香分子比例非常低，是敏感族群都可以安心使用的香氣。建議購買時需透過拉丁學名分辨，並且詢問廠商確認安全性，避免買到到錯誤的品項。

高地牛膝草的香氣冥想：

若是覺得自己的思考模式反覆卡關，想要換個角度來切入，又或者希望能夠發展直覺，以更通透的眼光衡量自己的目標時：

❶取一滴高地牛膝草精油於手心，充分搓開後先塗抹於眉心，接著按摩兩個耳朵（並可加強耳垂位置）。肌膚敏感者可另外加入五十元硬幣大小的基底油（如：橄欖油、荷荷芭油），稀釋後再塗抹。

❷閉上眼睛，將雙手交疊放於臉部前方，手和臉保持在非常靠近、但又沒有碰觸到的位置，先嗅聞掌心的香氣，進行五個深呼吸。

❸接著雙手手掌非常緩慢的向外打開，彷彿撥開眉心部位的糾結，並感受到自己被深藍色的光線給包圍。用自己的速度持續進行這個動作，至少進行十個循環。

❹下一步，雙手移動到耳朵的位置，先用手掌將耳朵蓋起十秒後，再緩慢地按摩耳垂，持續至少十個深呼吸的時間。

❺最後雙手合十在胸前，把意識放在眉心的位置，誦念九次：「看見。」慢慢把眼睛睜開，若有任何念頭或想法也可以取紙筆記錄下來。

祕魯聖木（Bursera graveolens）

祕魯聖木原產於南美洲地區，是當地薩滿與部落巫師會用來進行儀式的重要植物。除了製成精油之外，也常見裁切成木條或磨成香粉，燃燒後的氣味輕盈芬芳，在木質氣味中帶有明亮氛圍，是相當受到喜愛的「避邪」香氣。

用來萃取精油的部位雖然是心材，但與乳香、沒藥等著名香氣同為橄欖科的祕魯聖木，同樣也會分泌樹脂。對植物來說，樹脂便是受到損傷後，用來「殺菌」以及「促進傷口癒合」的防禦機制。而將含有樹脂的香氣運用在身心層面上，便可同樣發揮「排除雜念」以及「修護創傷」的作用。

作為新興精油的祕魯聖木，其香氣特別適合用在興趣與野心不斷擴張，深陷錯失恐懼症（FOMO，Fear of Missing Out）的「斜槓人士」身上。錯失恐懼，便是擔心自己的「不在場」，可能會錯過各種新鮮、好玩，甚至是決定命運走向的大好機會。

嚴重的錯失恐懼會讓人把所有精力花在社群經營上刷存在感或流量，或眼看他人精彩的社群生活而產生相對剝奪感。祕魯聖木精油宛如暮鼓晨鐘，適時在滿版恐慌中按下暫停鍵，幫助人們不被看似無窮無盡的機會榨乾了注意力，更有餘裕專注在自己真實的目標與使命上。

此外，**若是深陷於年齡、學歷，或者是人生進度條的比較心態，覺得自己在步調、節奏，甚至是當下成就比不上同齡人而產生的焦慮與自卑感，也可以透過祕魯聖木的香氣揮別妄念，在充滿神聖氣息的氛圍中，理解生命自有韻律。**

而在AI時代裡，祕魯聖木也很適合用來抵禦不斷翻新的科技所帶來的焦慮感。在許多趨勢專家大筆寫下，科技會導致哪些職業會被「取代」的轉捩點，祕魯聖木香氣能讓人啟動靈感、興高采烈接受轉變，並把人類末世般的緊張感，化為如何與時俱進並走進新時代的原動力。

二〇一九年我曾跟隨公司的香氣之旅拜訪厄瓜多，當地薩滿會在祕魯聖木點火後，以火花形狀與燃燒的力道來進行占卜，預測生命的高低起伏。而祕魯聖木的香氣也像一道火光，幫助人們洞悉生命轉折，客觀且自信的迎向每一次挑戰後帶來的新生。

祕魯聖木的香氣冥想：

在需要更多的靈感與啟發，並跳脫框架、以嶄新觀點自我覺察時：

❶ 取用一滴祕魯聖木精油，手心搓開後放置在臉部前方嗅聞，至少維持十個深呼吸。

❷ 接著用手指頭按摩眉心部位至少一分鐘，再把手指分開做虎爪狀，由前至後梳理頭髮，並同時按摩頭皮。

❸ 取出紙筆，隨機記錄腦中浮現的文字。可以是長短各異的句子、沒有特定主題的單詞，甚至前文不接後語的段落。在這個階段不要限制自己，也不需要改寫或批判自己的念頭，只需要自然地讓字句在香氣中流瀉，至少維持五分鐘的書寫。

❹ 書寫結束後，閱讀自己寫下來的文字，並且將特別有感覺的字句圈起來。

❺ 最後，將字句重新排列組合成有意義的段落，並在祕魯聖木的香氣中誦念創作出來的這段文字。

完畢後閉上眼睛，嗅聞手心的香氣，維持十個深呼吸的時間。

有夢的按摩：眉心與耳朵

眉心與耳朵是開啟靜心效果的開關，幫助我們更清晰覺察自己的狀態，進而踏實的發展出自己的「夢」。由於臉部肌膚較其他部位更敏感，用油時需特別注意濃度。以下配方調製後，也建議先在耳後或頸部邊緣進行測試，肌膚敏感者也可以加入更多的植物油。

❶ 取三滴高地牛膝草精油與三滴祕魯聖木精油，加入十毫升的荷荷芭油當中，充分混合後，可於每天睡前取適量於手指尖，在眉心打圈，緩慢進行一分鐘左右的按摩。

❷ 除拇指以外，雙手的四指打平，交替從眉心開始往上，服貼至髮際線的位置，至少持續十個深呼吸左右的時間。可依照肌膚吸油的狀況，隨時補充按摩油。

❸ 手掌打橫，雙手交替從眉心位置往兩邊延展，右手掌服貼平推至右太陽穴位置，左手掌則是服貼平推至左太陽穴，同樣持續十個深呼吸左右的時間。

❹ 最後以雙手食指與中指之間的縫隙，夾住兩邊耳朵，由上往下輕拉十下，最後輕輕按摩耳垂十個深呼吸的時間。

按摩完畢後，可保持雙眼輕閉，保持靜默一段時間，感受情緒的沉靜與思緒的集中。

結語　你的X是什麼？

在印度教有一個關於諸神的傳說是這樣的。諸神在討論著，要把喜樂的祕訣放在何處，既不會太容易找到，又不會在人類還沒準備好之前，就發現這個問題的答案。其中一個神祇說，放在高山上，另一個神祇說這樣太好找到。爭論許久之後，祂們一致同意，要「藏在人們的心中」，因為這往往是人們最不會去探索的地方。

這本書的起點，是來自一堂開設在大學的實驗性課程：跨界實驗室（細節可參閱本書前言）。一路上，我們以心理萎靡作為主幹，發展出了六個支幹：無力、無感、無我、無意、無言與無夢。

作為本書的結語，我們想再提及當我們還是學生時，在政大創意實驗室上過的另一堂

（驚心動魄的）課程，叫做「Project X」。在創意學程的必修課程中，Project X（又稱X計畫）算是這個學程的「畢業製作」。

蘇是創意學程的第一屆學生，修的是創意學程第一次開設的Project X。當時，這堂課是由六位老師聯手開課，我們整個學期只「官方式」的碰面三次。分別是開學第一堂課，老師們出席課堂，並且播映了一部紀錄片《不願面對的真相》。

緊接著，老師讓我們各自簡單分組後，交代了這堂課的後續任務：依據你們在創意實驗室、創意學程學到的概念、工具與方法，各組試著去發展、去實踐、去完成一個專案，用以回應「溫室效應」這一個命題。沒有方向，沒有限制，有一點點微薄的預算，還有六位老師供大家諮詢使用。下一次見面，就是期中考那週，六位老師會出席聽聽各組的狀況，給予一些建議。然後，再下一次見面，就是期末考那週，各組除了報告發想之外，更要報告實踐這些發想的過程與結果，並以此作為這堂課的考核依據。

唐則是創意學程第四屆的學生，那年度的Project X跟著資深編輯陳郁馨老師，每週持續保持書寫，但在期末的時候必須要交出一個作品。作品沒有主題、沒有形式規定，甚至沒有大學報告常見的「字數要求」，重點就是要透過課程中的書寫經驗，以及濃縮大學生

Project X 課程簡介

「人文創新學程」（簡稱人創）和「創新與創造力學程」（簡稱創創）承接政大創意學程、大學小革命、X 書院與專注藝遊計畫之理念，以藝文中心三樓創意實驗室為基地，運用人文社會知識，突破體制框架，創造虛實並務、新舊融合的跨領域平台，培養一群有勇氣面對未來、有能力解決問題的政大師生。

之於人創和創創兩個學程，關係是根本，所以我們鼓勵師與師、師與生、生與生互相領路；實作是力量，所以我們導入審美、創意、敘事與科技，鍛鍊師生的感受力、分析力與表述力；情境是動機，所以我們探索社會議題與自身處境，導引師生思考創造，走出已知之門，踏上未知之旅。

「X 計畫」這門課每年邀請不同學門老師加入，透過組隊、媒合、討論、提案、實作和期末聯展，帶領兩個學程的同學，打破傳統的上課形式與師生關係，往自我覺察、自主學習、團隊合作和能量流動前行，並在過程中不斷思考「X」之於自己和世界的意義。

活的觀察與軌跡，整理出對當時的自己來說最重要的「X」。當時唐每週跟著進度，把作品整理修改，覺得自己難得按部就班完成作業的前一天，心中突然覺得一股不對勁——這不是我要的，我對這個作品不滿意，這個成果不能代表心中的「X」。於是，唐在成果發表的前一天開始把其他課程都翹掉，熬夜重寫所有作品，並且製作成一份桌遊形式的「詩集」。在那次的X計畫，唐清楚感受到若是有件事情必須被完成，身體跟精神都會跟上來想辦法讓那件事誕生。

有趣的是，Project X這堂課隨著年代演進，開始有了不一樣的「發展」。老師和學生們開始把關注的焦點，從外在的世界慢慢轉回到每一個人自己的內心世界。

在這本書書寫的前一個學期，我們一起回到創意實驗室，擔任Project X的業師。學生們在這一堂畢業必修課，必須完成的專案，不必然是要對應到外在世界，而是先回到自己。能不能透過這個「由自己出發」的專案，透過這個歷程，更看見自己，看見自己如何長大成現在的模樣？透過形式不拘的創作，看見自己的思考脈絡。有些學生在Project X提出的專案主題（我們稱為「你的X」）是「家人」、有些學生的X則是「離家」、「死亡」；

也有些學生的X是「一趟往自己走進去、更靠近的書寫過程」。

不管學生挑選怎樣的X，開課老師陳文玲總會問一句：「這真的是你的X嗎？」我對這個提問的翻譯是：「這真的是對你來說有意義、有感覺、跟你有關、讓你有話想說、有夢想做、有力氣去採取行動的X嗎？還是，這是一個『安全的X』，是一個可以跟老師交代的專案，但是跟你不那麼相關、也沒辦法讓你往自己內心靠近一點的X？」

在期中、期末，我們會回學校聽聽學生X的發展近況，唐時常在聽完學生報告之後問一句：「這件事情對你來說是不是有『急迫性』？」把急迫性三個字換句話說，就是來自內在的「召喚」：這件事對學生來說，是不是一定要現在做、立刻做，不做會心軟手癢，做了就會覺得更輕鬆、更有力、更客觀、更清晰、更勇敢了一些？相對的，如果感覺到這件事情此時此刻沒有力氣或沒有必要處理，那這個議題或許就不是所謂的X。

在書寫這本書到了尾聲，我們覺得這堂Project X上發生與出現過的體驗，或許很適合用來作為一個小結尾。在讀者一路讀過無力、無感、無我、無意、無言與無夢這六個無之後，多少都會發現自己對某些無比較有共鳴，而有些無則還好。試著記得這樣的感覺，抓住那些讓你覺得「有感」的無（很多時候，「有感」指的是「不舒服的感覺」）。因為，那很可能就是你接下來可以變成自己Project X的方向。

最後，我們想邀請讀者一起來反思這些提問，並且慢慢發展出在讀過這本書之後，專屬於你自己的行動計畫，也就是「你的Project X」：

找一個初步方向：你專屬的X

❶ 在這本書提到的眾多「無」之中，對你來說最有共鳴的是？

❷ 閱讀書裡眾多「無」的過程中，哪些現象的描述最能夠打動你？

❸ 如果你有一根魔法棒，輕輕一揮之後，那些你很困擾、你不喜歡的種種（不管是關於自己、或關於他人、關於世界）有機會立刻變得不一樣，你覺得最理想的結果會是什麼？試著做點記錄與書寫。

試著搜集、紀錄一些讓你有感的素材，這會是你幫助自己思考「接下來可以往哪邊走」很好的提示。

思考你現在的模樣：X'

❶ 針對你很有感、看到會覺得刺刺的、痛痛的哪些素材，你覺得為什麼這些東西會打動你？

❷ 你覺得這些介紹是否呼應了你此刻的某些現況？

安排你的實驗：從X'走到X的一百條路

為了有機會讓自己慢慢從「現在的模樣」往「期待的結果」走去，你想要多加練習書中哪些提到的方法？

最理想的狀況是，書中提到的方法你都嘗試過了，你可以依據自己試過之後的感覺，挑出幾個你覺得適合自己的繼續使用，用到這些工具變成你的一部分為止。

同時讀到這邊，也是一個很好的時機，把那些你一開始覺得沒有Fu的方法再次拿出來，給他們一次機會的時候。第二次練習這些方法，你的感覺有任何不同嗎？

最重要的是，如果你在閱讀這本書的時候，還沒有機會真的把書中介紹過的工具拿出來應用看看，現在仍是很棒的時機。如果不行動、不嘗試，改變通常難以發生。但好消息是，只要你願意跨出第一步，改變永遠都不嫌晚。在你出發的路上，時不時做點紀錄，你會更能看見自己的「不同」。而這些有感的變化，會是你未來繼續嘗試的動力。

除了向外走的X以外，也建議讀者們可以記得身心平衡的重要性。我們可以把關注自己的身心也作為一個等同重要的Project X，在專注工作之餘確認：

❶ 我的身體是否時不時出現疼痛、緊繃，或者輕微的不適？
❷ 每晚的睡眠時間是否足夠，是否可以幫助我緩解生活中累積的疲勞感？
❸ 我是否願意安排適度的空檔，在工作之外好好休息？
❹ 我是否還有心力，照顧並維持自己的身心平衡？
❺ 我現在是否感受到「有力量」？

以上問題還可以跟著本書篇章無限延伸，而重點並不在於增加大家的心理負擔，而是想提醒讀者有目標、有方向當然很好，但「照顧好自己」才是真正發揮潛能的基礎。平衡的身心是我們最好的夥伴，請好好的善待自己。

在取得Project X學分之後，很多學生都說，他們感覺Project X其實還沒有結束，只要把X放在心中，似乎不管在哪裡、幾歲、做什麼工作，都可以找到方法，繼續去靠近這個X。我們很希望這一本書也能給讀者同樣的感受。

簡化來看，X'指就是本書的基底「心理萎靡」，而X好像是「變得心理不萎靡」。更具體的說，每個讀者的X，更可以是變得更有力氣、敢於有感覺、敢於相信、敢於做自己、敢於脆弱、敢說敢聽，乃至於敢於作夢。

在書寫的當下，我們兩位也還在自己的Project X之中。和第一次修課的我們比起來，此刻的我們更享受、更坦然、更自在的知道，**只要你願意，Project X永遠不會下課。讓心理不再萎靡，慢慢成為心中自己期待的模樣，不是一個有終點的目標，而是一趟沒有終點站的旅程。**

「放下對變得厲害的執著，
找回有力氣的普通生活。」

——蘇益賢×唐京睦

國家圖書館出版品預行編目(CIP)資料

萎靡解答之書 / 蘇益賢, 唐京睦 作. -- 初版. -- 臺北市 :
大塊文化出版股份有限公司, 2024.06
304面 ; 14.8×21公分. -- （Smile ; 206）
ISBN 978-626-7388-89-1（平裝）

1. CST: 心理輔導　2. CST: 心理治療

178.3　113004336

LOCUS

LOCUS

LOCUS

LOCUS